Stift und Maus
Werbegrafik und Computerillustration

Stift und Maus

>Werbegrafik und Computerillustration

>Redaktion der englischen Ausgabe
>Angus Hyland/Pentagram Design

>Redaktionassistenz der englischen Ausgabe
>Roanne Bell

stiebner

Einleitung >

Angus Hyland
Deborah Taffler

In den letzten Jahren ist das Interesse an Illustrationen neu erwacht. Man sieht sie immer häufiger in Zeitschriften, in der Werbung für Mode und andere Bereiche in Form von Musik- und Fernsehgrafiken. Begleitet wurde diese Wiederentdeckung von lebhaften Diskussionen über die Rolle der Illustratoren – gehören sie zu den Designern, oder bilden sie einen eigenen Berufsstand? – und über die Auswirkungen der Technik auf ihre Arbeit.

Dieses Buch stellt die Arbeit von Illustratoren vor, die sich zwischen Grafikdesign und Kunst bewegen und dabei zunehmend auf digitale Werkzeuge zurückgreifen. Es vermittelt gleichzeitig einen Eindruck davon, wie der Berufsstand selbst seine Rolle und seine Ziele definiert.

Im letzten Jahrzehnt schien die Illustration lange Zeit in der Krise zu stecken. Der traditionelle Kundenstamm aus dem Bereich Design und Werbung hatte sich billigeren und leichter zu kontrollierenden Alternativen zugewandt. Mit immer schnelleren Computern und Software wie Freehand, Photoshop und Illustrator sahen sich Designer und Artdirectors in der Lage, eigene Bilder zu erstellen. Dazu kam der bessere und preisgünstigere Zugriff auf Archivbilder und die Verbreitung von CDs wie Photodisc mit einer Fülle von lizenzfreien Bildern, die nach Wunsch manipuliert und bearbeitet werden konnten. Eine Reihe von Büchern über „New Wave"-Typografie wie *Typography Now*[1] und *The Graphic Edge*[2] regten zu dekorativen typografischen Layouts. Das zeigte sich vor allem beim Zeitschriftendesign, das stets eine Stärke der Illustratoren gewesen war, und wurde besonders deutlich bei Zeitschriften wie z.B. *Ray Gun* unter der künstlerischen Leitung von David Carson 1992–1995[3].

Aus diesen Gründen wurde die Illustration in den 90er-Jahren zunehmend anachronistisch. Sie galt als beschränkt, teuer, nicht marktfähig und passte ästhetisch nicht zum Typo/Foto-Zeitgeist.

„Viele Illustrationen stammen heutzutage nicht von professionell ausgebildeten Illustratoren. Oft sind es nur Designer, die mit Photoshop spielen."[4]

„Es war bestimmt nicht leicht, in den 90er-Jahren Illustrator zu sein. Während die Designer alle versuchten, die Buchstaben immer raffinierter zu verformen und der Computer die totale Beherrschung der Produktion versprach, schien die liebevoll geschaffene und physisch zerbrechliche, handgemachte Illustration nur noch ein Relikt aus einer längst vergangenen Zeit zu sein."[5]

Der augenscheinliche Machtwechsel vom Illustrator zum Designer ließ Ausbilder und Kritiker das Aussterben eines ganzen Berufszweigs befürchten.

„In der Folge der digitalen Revolution schien das Bild aus Farbe und Tusche über

1 Rick Poynor, Booth-Clibborn Editions, 1991

2 Rick Poynor, Booth-Clibborn Editions, 1993

3 Zu sehen in Chris Foges' *Magazine Design*, Rotovision, 1999

4 Lewis Blackwell, „New lines", *Creative Review*, Juli 1996

5 Rick Poynor, „Illustration's last stand", *Graphis* 321, Mai 1999

6 Darrel Rees, Association of Illustrators (AOI) Seminar bei Pentagram Design Ltd, November 1999

7 Interview bei Pentagram Design Ltd, August 1999

8 Peter Lyle, „Quick on the draw", *The Guardian*, 25. Juni 1999

9 *Symbol Sourcebook*, Van Nostrand Reinhold Company, 1984

10 *Picture Sourcebook*, Bruckmann München, 1985

11 „Intelligence" Ausstellungskatalog, Tate Britain, 2000

Nacht gegenüber den Computercollagen an Boden zu verlieren, und zwar für immer. Diejenigen, die in der traditionellen analogen Weise arbeiteten, schienen hoffnungslos altmodisch zu sein."[6]

Die negativen Stellungnahmen der 90er-Jahre kamen aber oft von den gleichen Leuten, die nach altem Muster weitermachten. Die Dozenten unterrichteten (manche tun es auch heute noch) im stillen Winkel ihrer analogen Welt und waren sich des digitalen Wissens ihrer Studenten nicht bewusst. Dabei haben sie die erste Generation von Illustratoren ausgebildet, die mit der Technologie groß geworden ist. Die Studenten erkannten intuitiv, dass die Werkzeuge, mit deren Hilfe Artdirectors und Designer die Kontrolle an sich rissen, ihnen selbst auch zur Verfügung standen. Als Profis betrachten sie Computer und Software inzwischen als zusätzliches Werkzeug. Sie haben die Chancen, die sich bieten, weil es dank der immer leichter bezahlbaren Software kaum noch technische Einschränkungen gib, optimal genutzt.

Sie ziehen jetzt ihren Vorteil aus Beherrschung des Fachs und Manipulation, wie die Kommentare des Illustrators Nick Higgins beweisen:

„Das Malen mit der Maus ist für mich inzwischen so selbstverständlich wie mit Stift oder Pinsel. Das Medium lässt sich besser und schneller manipulieren und ist jetzt sogar billiger."[7]

Es ist aber nicht nur die wiedergewonnene Macht des Illustrators über das Bild, die den Aufschwung ausgelöst hat. Die Ästhetik ist einfach wieder gefragt. Nicht nur im Grafikdesign, in allen Medien reagiert man auf die wachsende Popularität des gezeichneten Bildes. So auch in der Modewelt:

„Heutzutage gibt es keine bessere Möglichkeit, die misstrauischen, stilbewussten Trendsetter anzusprechen als durch vertragliche Bindung eines bekannten Illustrators mit unverkennbar eigenem Stil."[8]

Dieser Trend hat alle Formen der Kommunikation erfasst. Es gibt sie wieder, die informative Grafik. Tabellen, Kurven und Piktogramme werden immer beliebter und stehen nicht nur für die Messung und Bestimmung von Daten, sondern wirken auch als eigenständige ästhetische Form. Die geometrischen Muster und technischen Zeichnungen von Karl Gerstner sind in der Arbeit von John Maeda wieder auferstanden; die von Henry Dreyfuss[9] und Stiebner/Urban[10] katalogisierten Arbeiten unbekannter Zeichner sind zu neuer Blüte erwacht, wie in der Arbeit der britischen Künstler Julian Opie und Michael Craig-Martin[11] zu sehen. Die beiden sind der beste Beweis für die gegenseitige Befruchtung von Kunst und Grafikdesign im Rahmen einer modernen Bildsprache.

Dieser technische, ja fast wissenschaftliche Ansatz erstreckt sich über ein breites Spektrum und macht vor Platten- bzw. CD-Cover nicht Halt. Die Designergruppe „The Designers Republic"[12] aus Sheffield beispielsweise benutzt informative Grafik wegen ihrer ästhetischen Qualitäten und nicht wie ursprünglich zur Beschreibung von Daten. Diesen Trend gibt es nicht nur in der digitalen Welt, sondern auch in zeitgenössischen gezeichneten Bildern wie in den hier gezeigten Arbeiten von Roderick Mills (S. 70–72).

12 Adrian Shaughnessy/Intro, *Sampler*, Laurence King Publishing, 1999

Die Wiedergeburt der Illustration mag nur ein Trend sein, aber sie hat als Brücke von der analogen in die digitale Welt gedient.

„Illustratoren brauchen den Computer zwar nicht unbedingt, aber ich vermute, diejenigen, die mit ihm arbeiten, haben bessere Aussichten auf Aufträge."[13]

13 Lewis Blackwell, *Creative Review*, Juli 1996

Dennoch ist der Computer nur das Medium. Das zeigen die Antworten aller hier vorgestellten Künstler, die den Interview-Fragebogen für dieses Buch ausgefüllt haben. Die Idee war, den Illustratoren Gelegenheit zu geben, Stellung zu nehmen zu ihrer Motivation und Arbeitsmethode und über die Rolle der Technik und ihren Einfluss auf die Arbeit zu sprechen. Die Fragen sind stets gleich, und wenn auch manche Antworten ironisch sind, zeigt sich doch ein roter Faden, der ein allen Befragten gemeinsames starkes Identitätsbewusstsein widerspiegelt.

Nur einer der Befragten, Faiyaz Jafri, gibt sich selbst auch den Titel digitaler Künstler. Die Mehrheit greift lieber auf den traditionellen Titel Illustrator zurück, oft aber mit dem Hinweis, dass bislang niemandem etwas Besseres eingefallen sei. Professor Dan Fern vom Royal College of Art, London, gab folgende Antwort auf die Frage, wie er Illustration heute definieren würde:

„Das ist eines der Wörter, die ich am liebsten abschaffen würde, denn vieles von dem, was gemacht wird und was ich selbst beruflich tue, ist keine Illustration. Es ist das Erstellen von Bildern für eine enorme Vielfalt von Kontexten."[14]

14 „Dan Fern", Interview mit Rick Poynor, *Eye* Nr. 22, Bd. 6, Herbst 1996

Viele der Befragten haben die Berufsbezeichnung Illustrator erweitert um den Begriff „Künstler" oder „Designer". Die Auflösung der konventionellen Grenzen scheint auf eine kommerzielle und fast chamäleonhafte Bereitschaft hinzudeuten, für jedes Publikum alles Mögliche zu sein. Ein klarer Rollenwechsel wird damit nicht definiert.

Dieser mögliche Rollenwechsel bedarf ohnehin näherer Untersuchung. Früher hat der „kommerzielle Künstler" seine Fähigkeiten auf dem Gebiet der Illustration, Typografie, Design und Druck genutzt, um eigenständig vollständige Arbeiten zu schaffen. Dieser alles umfassende Ansatz wurde mit dem Aufkommen der Werbe- und Designbranche und ihrer klar abgegrenzten Aufgabenbereiche immer überflüssiger. Der technische

Fortschritt und die Verfügbarkeit entsprechender Software haben aber dem Designer als Macher neuen Auftrieb gegeben. Nun hat der Einzelne erneut die Möglichkeit, von Design und Bildgestaltung bis hin zu den unbegrenzten Möglichkeiten des digitalen Drucks wieder alles in einer Hand zu vereinen. Vielleicht neigen einige der Befragten wieder zu diesem eher pluralistischen Ansatz, statt sich einfach einen kommerzielleren Titel zuzulegen, wie aus den Bemerkungen Rian Hughes' aus einem Brief an *Eye* hervorgeht, in dem er auf einen Artikel über die Bildtradition in der Illustration Bezug nimmt[15]:

„Ein Großteil der Debatte konzentriert sich offenbar auf das Beklagen eines überholten und eng gefassten Konzepts der Illustration, das sich hauptsächlich auf Zeitschriften beschränkt und kaum eine historische Grundlage hat. Das scheint mit der Einteilung der ‚kommerziellen Kunst' in Fachgebiete zusammenzuhängen, die sich in den letzten 50 Jahren gebildet haben und die alle über einen eigenen ‚Experten' verfügen. Cassandre und McKnight Kauffer, Abram Games, Toulouse-Lautrec, Victor Moscoso oder die Sternberg-Brüder hätten sich kaum nur als ‚Illustratoren' bezeichnet. Heute würden sie von einem Artdirector eingewiesen und dann ihre fertige Arbeit einem anderen Typografen, vielleicht sogar einem weiteren Layouter übergeben.

Wenn der Computer bestimmte Bereiche der Illustration unterhöhlt, dann, weil er dem einzelnen Autor die völlige Kontrolle wiedergegeben hat. Jedes Mal, wenn ich eine Schriftart benutze, die ich selbst entworfen habe, denke ich an die weit reichende Macht, die ich über die geheimsten und detailliertesten Schritte in der Bilderzeugung habe. Diese Kontrolle war vor Jahren undenkbar."[16]

Es gibt eine Lehrmeinung, die die traditionelle Bezeichnung „Illustrator" als perfekte Beschreibung begreift, sowohl in historischer als auch heutiger (und digitaler Sicht). Die lexikalische Definition von „illustrieren" – etwas durch Beispiele verdeutlichen, erklären, darlegen anhand von Zeichnungen oder Bildern, aus der lateinischen Wurzel „lustrare" gleich erhellen – ist sicherlich die ideale Beschreibung des Aufgabengebiets. Die ersten Illustratoren oder „kommerziellen Künstler" waren wohl Mönche, die in der Tat Text mit erklärenden Bildern erläuterten oder „erhellten". Diese kommunikative Seite der Bezeichnung wird besonders deutlich in Antworten von Künstlern wie Anthony Burrill, der mit seinen Illustrationen „eine neue Sprache visueller Kommunikation entwickeln helfen möchte", während Roderick Mills sich sogar als „visueller Kommunikator" bezeichnet. John Hodkinson, Dozent an der Universitiy of Central Lancaster, sieht die traditionelle Nomenklatur als einzig relevant:

„... Ich habe keine Schwierigkeiten mit der Bezeichnung ‚Illustration'. Es ist jenes wundervolle Gebiet, das immer noch alle guten Traditionen und Innovationen der British Art School umfassen kann, solange man Schädel und gekreuzte Knochen vom Mast flattern lässt und alle Gewässer als sein angestammtes Eigentum betrachtet."[17]

15 Robert Mason, „Return of the picture", *Eye* Nr. 35, Bd. 9, Frühjahr 2000

16 Letters, *Eye* Nr. 36, Bd. 9, Sommer 2000

17 John Hodkinson, Letters, *AOI Journal*, August/September 2000

Bei der Beantwortung der Frage „Warum tust du, was du tust?“ geht es nur wenigen um eine mögliche Popularität und offenbar am wenigsten um finanziellen Gewinn. Andere Beweggründe, Bilder zu machen, sind eher konzeptionell, wie bei Lucy Vigrass und Alex Williamson, die sich selbst als Kommunikatoren und Problemlöser betrachten. Für die Mehrheit besteht die Quelle ihrer Antriebskraft aus zwei Dingen: purem Vergnügen und angeborenem Talent.

„Zeichnen ist wie Gott sein – man erschafft eine Welt nach seinen eigenen Vorstellungen, wo vorher nichts existiert hat. Wenn man für eine Illustration zeichnet, entspricht es ein bisschen der Art, in der Gott nach der Bibel die Welt erschaffen hat, in der am Anfang das Wort war ... Wo vorher nichts als ein leeres Blatt Papier existierte, ist dann eine neue Welt. Eine Welt, die vielleicht von der uns umgebenden Realität abhängig ist, aber eine Realität, die von ihrem Schöpfer (ob nun Illustrator oder ein anderer Künstler von geringerem Anspruch) modifiziert worden ist. Zeichnen, das gefällt mir!“[18]

18 Chris Sharrock, „Drawing, I love it“, *AOI Journal*, Oktober/November 2000

Der Urheber eines gezeichneten Bildes kann heute auf die gleichen Mittel zurückgreifen wie die Person, die es in Auftrag gibt, aber die Fähigkeiten beider Gruppen sind unterschiedlich und klar abgegrenzt. Die grundlegenden handwerklichen Fähigkeiten des Bildermachers sind immer noch unerlässlich, und genau diese besonderen Fähigkeiten unterscheiden einen Illustrator von einem Grafik-Designer.

„Es gibt ein Verlangen nach der ursprünglichen Art des visuellen Ausdrucks und gute Gründe anzunehmen, dass Design und Illustration uns in einer neu geordneten Partnerschaft einen Schritt nach vorn bringen könnten. Das Bild ist die Domäne der Illustration, und es war anmaßend von den Designern zu glauben, Freehand und Photoshop würden ausreichen.“[19]

19 Rick Poynor, *Graphis* 321, Mai 1999

Inspiration kommt, kaum überraschend, von überall: Aus der unmittelbaren Umgebung, von Reisen, von der Familie, von Lehrern, von Kollegen und tatsächlich auch von der Vorstellungskraft derjenigen, die eine gute Beobachtungsgabe haben. Anthony Burrill deutet in seiner Antwort auch die Beschaffenheit dieser Quelle an, indem er äußert, „von den Denkprozessen anderer Leute“ inspiriert zu werden.

Bei der überaus wichtigen Frage nach dem Unterschied zwischen Handwerk und Technik fasst Spencer Wilson wohl am besten als Sprecher für die Mehrheit der Befragten zusammen: „Handwerk ist eine Fertigkeit, die man beherrschen muss, Technik hingegen ein Werkzeug, das man benutzen kann.“

Anthony Burrills Feststellung, dass „die Technik [...] es dem Handwerk [ermöglicht], in bisher ungenutzte Bereiche vorzudringen“, unterstützt die Ansicht, dass das Zeitalter der Technik die Möglichkeiten der Bildermacher erweitert und sie nicht einschränkt.

Diese Ansicht wurde vor kurzem auch im AOI-Seminar „Drawing the Line“ geäußert, wo man sich mit der Zukunft der Illustration auseinander setzte.

„Ich sehe das Vordringen der digitalen Welt nicht als Bedrohung an ... die Vielfalt der zur Verfügung stehenden Software und leistungsstarke Computer bieten die Möglichkeit, die Arbeit um eine weitere Dimension zu erweitern.“[20]

In der Beantwortung des Fragebogens schrieb Kinsey, dass weder Handwerk noch Technik allein überleben könnten. „Das Handwerk nutzt die Technik. Technik ist aus Erfahrungen mit Handwerk entstanden. Das eine gäbe es nicht ohne das andere.“ Im weitesten Sinne ist diese Aussage schon immer richtig gewesen, wie auch im *AOI Journal*, Oktober/November 2000, zu lesen.

„Die Geburt des Kinos hat das Theater nicht verdrängt, die Erfindung des Grammofons nicht die Live-Musik, und der Computer bedeutete nicht das Ende des handgemalten Bildes. Beide existieren nebeneinander und die besten Arbeiten sind oft eine Mischung aus traditionellen und digitalen Medien. Die Möglichkeit, Bilder einzuscannen, Farben zu bearbeiten und Effekte einzusetzen, erweitert die Palette der Techniken und schränkt sie nicht ein. Wer davon nicht überzeugt ist, braucht sich nur in der Welt der Illustratoren umzuschauen: George Snow, Joe Magee, Andy Martin, Marion Deuchars etc. etc. Schon immer haben große Künstler neue Technologien willkommen geheißen, für sich vereinnahmt und genutzt, um ihre Arbeit in neue Richtungen zu entwickeln: Hockney benutzte die Polaroid, Warhol hat den Siebdruck neu erfunden und Hirst hat damit begonnen, limitierte Auflagen von Kunstwerken zu drucken, die nur auf Diskette existieren.“[21]

Die Antworten zu den früheren und jetzigen Techniken der Illustratoren zeigen in der Regel die allgemeine industrielle Entwicklung vom Stift zur Maus. Die meisten haben ihre Karriere als Illustrator mit Stift, Bleistift, Pinsel, Tinte und dem Malen mit der Hand begonnen. Viele von ihnen benutzen jetzt eines oder mehrere der möglichen elektronischen Werkzeuge wie Photoshop, Illustrator und Flash. Einige gehen vollkommen in der digitalen Welt auf, andere wiederum bleiben bei der „Handarbeit“. Dennoch betrachten die meisten die traditionellen Techniken interessanterweise als Grundlage der Arbeit und bezeichnen den Computer lediglich als eines ihrer Werkzeuge. Viele erwähnen die Technologie überhaupt nicht, und zwar auch die, für die die digitale Richtung Norm geworden ist. Das beweist umso mehr, dass die Werkzeuge lediglich Mittel zum Zweck sind.

20 Darrel Rees, AOI Seminar, Seminar bei Pentagram Design Ltd, 20. November 1999

21 Lawrence Zeegen, *AOI Journal*, Oktober/November 2000

Von: Paul McNeil / An: Den Autor

Welche Berufsbezeichnung führst du?
>Künstler/Illustrator (obwohl in meinem Pass Künstler steht, in der Hoffnung, dass die Behörden dann Mitleid mit mir haben).

Warum tust du, was du tust?
>Um Menschen glücklich zu machen.

Was inspiriert dich?
>Andere Künstler und Kunst im Allgemeinen (genau genommen moderne Kunst); außerdem die Idee, den Begriff dessen, was alles als anerkannte Kunst gilt, zu verändern.

Handwerk/Technik: Worin liegt der Unterschied?
>Es gibt meiner Meinung nach keinen. Hinter jedem guten Produkt verbirgt sich im Allgemeinen eine gute Idee, ganz gleich, wie es hergestellt wurde. Ich nehme an, ein Webstuhl wurde früher als Nonplusultra der Technik betrachtet, etwa so wie ein Computer heute. Ich habe keine festgefahrenen Ansichten zum Computer. Ein Computer ist einfach etwas, was ich zu Hause habe und was sich hervorragend dazu eignet, schnelle, farbige Bilder zu erstellen. Aber zu dieser Frage gibt es noch mehr zu sagen ... siehe unten.

Welche Techniken benutzt du?
>Ich vergegenwärtige mir ein Bild aus meiner Vergangenheit, das Erinnerungen wachruft (oft ein Foto) und versuche, es grob mit der Maus in einem einfachen Zeichenprogramm zu reproduzieren. Ich verändere die Farben so lange, bis es gut aussieht. Danach übertrage ich das Bild auf die Leinwand und koloriere es wie beim „Malen-nach-Zahlen". Mit der Maus zeichnet man schlampig und unsauber, wie mit der linken Hand. Aber die Ergebnisse können überraschend sein. Und das Verfahren ist schnell und lohnend. Ich mache etwa ein Dutzend Bilder, bevor ich mich entscheide, eines auf Leinwand zu übertragen. Das bringt mich zur Malerei: Jeder Computerfreak wird sagen: „Warum druckt er nicht gleich auf Leinwand aus?" Natürlich könnte ich das, aber Malen hat einen heilsameren Effekt, und ich benutze auch gern die Hände (was man wohl als handwerklich bezeichnen kann).

Hast du diese Techniken immer benutzt?
>Nein, eigentlich nicht. Es sind die, die ich zurzeit benutze. Ich will Dinge verändern, mit oder ohne Computer. Der ist nur ein Werkzeug, das dein Leben bestimmen kann.

>1.1/Satday

>1.2/Monaro

>1.3/Birriga Road

>1.4/Surf

>1.5/Bad Thorts

>1.6/Chuckin the Peace Sign

Von: Anthony Burril / An: Den Autor

Welche Berufsbezeichnung führst du?
>Moderner Künstler.

Warum tust du, was du tust?
>Um ein neue Sprache der visuellen Kommunikation entwickeln zu helfen.

Was inspiriert dich?
>Die Nebenprodukte der Gedankengänge anderer Menschen.

Handwerk/Technik: Worin liegt der Unterschied?
>Die Technik ermöglicht es dem Handwerk, in bisher ungenutzte Bereiche vorzudringen.

Welche Techniken benutzt du?
>Zeichnen, Fotokopieren, Fotografie, Scannen.

Hast du diese Techniken immer benutzt?
>Ja, abgesehen vom Scannen (das mache ich erst seit kurzem).

>2.1/Here is a Shape

>2.2/Gallery Chair 1

>2.3/Gallery Chair 2

>2.4/Chair

>2.5/Man

>2.6/Woman and Ironing Board

>2.7/Line Man 1

>2.8/Line Man 2

Von: Kjeks - Nina Klausen & Lill-Hege Klausen / An: Den Autor

Welche Berufsbezeichnung führt ihr?
>Illustrator und Web-Designer.

Warum tut ihr, was ihr tut?
>Weil es Spaß macht.

Was inspiriert euch?
>Menschen, die echt merkwürdig sind, seltsame Leute.

Handwerk/Technik: Worin liegt der Unterschied?
>Keine Ahnung!

Welche Techniken benutzt ihr?
>Zurzeit zeichnen wir alles mit der Hand, sonst in Illustrator.

Habt ihr diese Techniken immer benutzt?
>Nein, die Techniken ändern sich mit dem Stil, den wir erreichen wollen.

>3.1/Picture

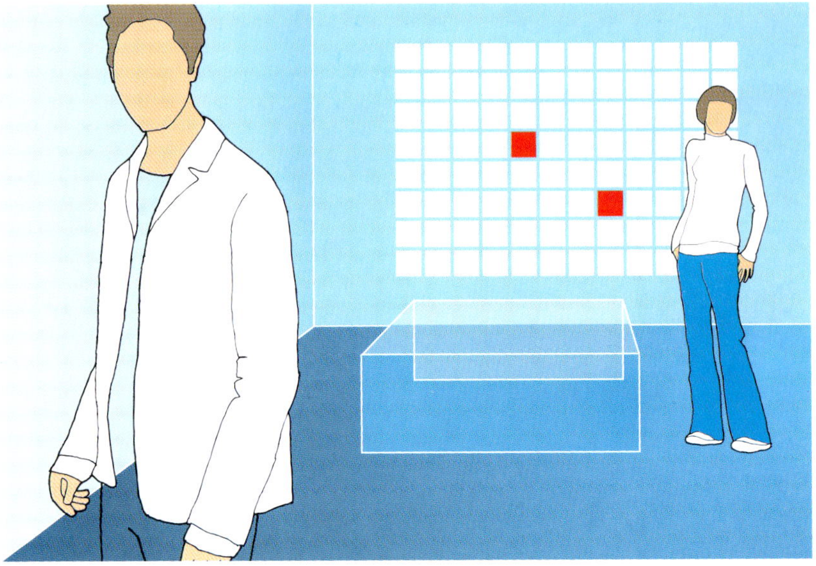

>3.2/Couple

>3.3/Outdoors

>4.1/Red Yellow Blue

>4.2(rechts)/Tomo 1
>4.3(unten)/Spacial Density 4
>4.4(rechte Seite)/Sony Xmas; Kunde: SonyDrive

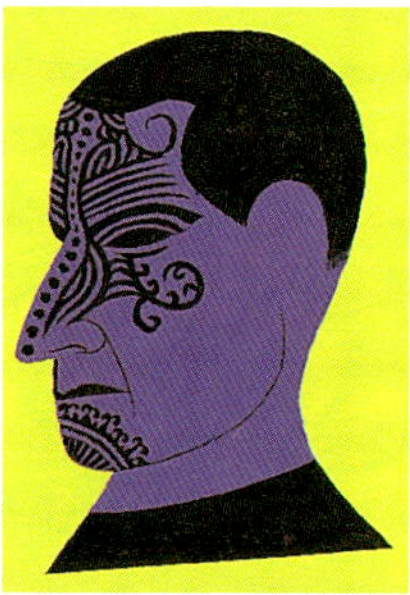

Von: Jeff Fisher / An: Den Autor

Welche Berufsbezeichnung führst du?
>Illustrator/Designer.

Warum tust du, was du tust?
>Optimismus/Illusion.

Was inspiriert dich?
>Malerei, Musik, Bildhauerei, Fotografie, britische Illustration des 20. Jahrhunderts, Geschichte, Kunst von Geisteskranken, populäre Kunst usw. Irgendetwas Interessantes von irgendjemand, der irgendetwas Interessantes macht.

Handwerk/Technik: Worin liegt der Unterschied?
>Es gibt keinen Unterschied. Illustratoren, Designer, Maler, Fotografen wollen alle ein beeindruckendes Bild schaffen. Es kommt nicht darauf an, auf welche Art sie das tun.

Welche Techniken benutzt du?
>Linie, Farbton, Struktur, Form, Kontrast, Farbe.

Hast du diese Techniken immer benutzt?
>Ja, jeder tut das.

>5.1/Untitled

>5.2/Untitled

>5.3/Untitled

Von: Ian Wright / An: Den Autor

Welche Berufsbezeichnung führst du?
>Maler/Dekorateur.

Warum tust du, was du tust?
>Darauf weiß ich keine richtige Antwort; ich arbeite noch dran.

Was inspiriert dich?
>Inspirationen: Musik/Menschen/Vorstellungen davon, was sein könnte/Literatur/Fehler.

Handwerk/Technik: Worin liegt der Unterschied?
>Das hängt davon ab, in wessen Händen sie liegen. Ich missbrauche beide gern.

Welche Techniken benutzt du?
>Eine Kombination aus Zeichnen und unterschiedlichen Verfahren, darunter auch mechanische. Ich bevorzuge es, „lo-fi" und so zufällig wie möglich zu gestalten.

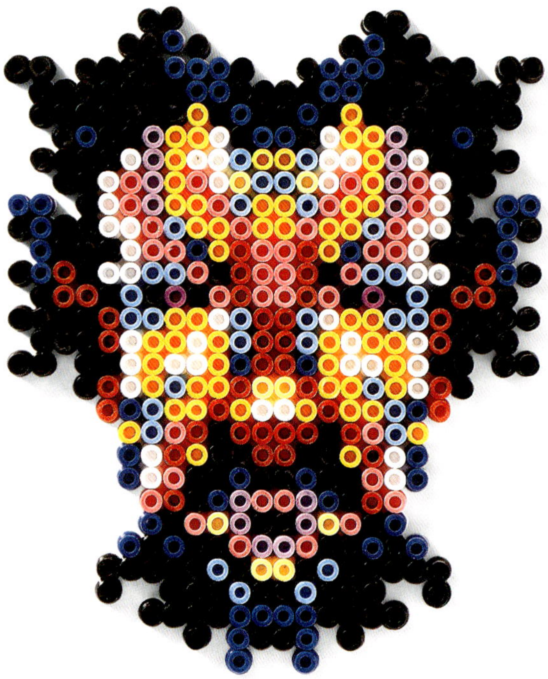

>(oben)/von Ava Wright, 9 Jahre
>6.1(links)/Art Ensemble of Chicago
>6.2(rechts)/Freud

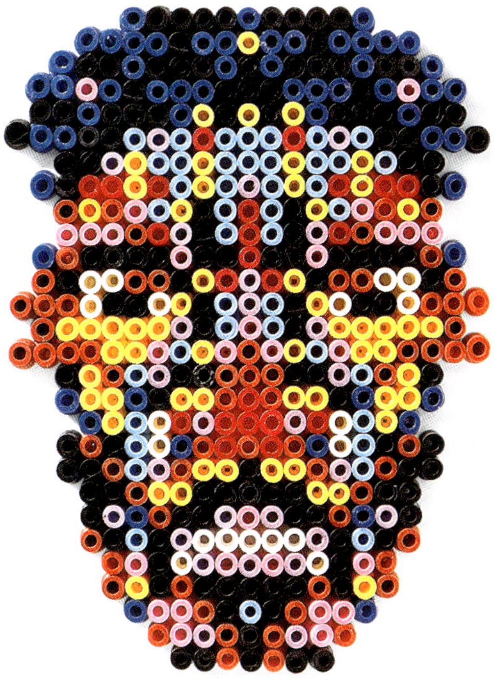

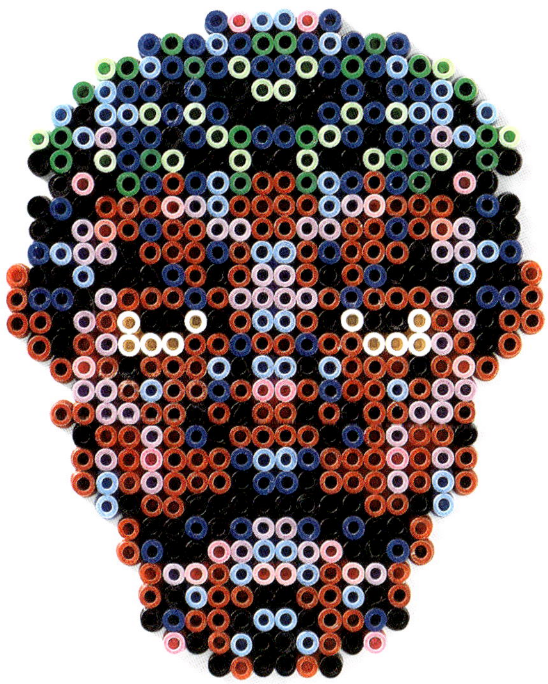

>6.3–6.6/Art Ensemble of Chicago

Von: Alex Williamson / An: Den Autor

Welche Berufsbezeichnung führst du?
>Künstler.

Warum tust du, was du tust?
>Um zu sagen, was ich sagen möchte.

Was inspiriert dich?
>Dicke Schecks und gute Bücher.

Handwerk/Technik: Worin liegt der Unterschied?
>Technik befreit und verschafft uns den Zugang zu verschiedenen Dingen, dennoch kann sie nie ganz die Qualität erreichen, die das ursprüngliche Handwerk hervorbringt. Ich denke, man muss das Handwerk verstehen, um das Beste aus der Technik herauszuholen.

Welche Techniken benutzt du?
>Fotografie, Collagen, Fotokopien, Siebdruck, Photoshop.

Hast du diese Techniken immer benutzt?
>So ziemlich, obwohl die digitale Seite für mich relativ neu ist.

>7.1/Watching You

>7.2/The Office

>7.3/Spies

>7.4/Gin

>7.5/Broken Man

↘ 8 Tommy Penton | Seite: 30 | Stift und Maus

Von: Tommy Penton / An: Den Autor

Welche Berufsbezeichnung führst du?
>Illustrator/Künstler.

Warum tust du, was du tust?
>Das ist eine blöde Frage, sie beleidigt meine Intelligenz. (Im Ernst: Seitdem ich malen konnte, wollte ich Künstler werden, und ich bin „Lägasthehnikar".)

Was inspiriert dich?
>Meine Generation und ihre Kultur inspirieren mich.

Handwerk/Technik: Worin liegt der Unterschied?
>Computer sind lediglich ein Werkzeug, mit dem ich meine Kunst weiterentwickle.

Welche Techniken benutzt du?
>Photoshop, Illustrator, Flash.

Hast du diese Techniken immer benutzt?
>Nein, ich habe experimentiert und werde das immer tun, um meine Kunst weiterzuentwickeln.

>8.1/Untitled

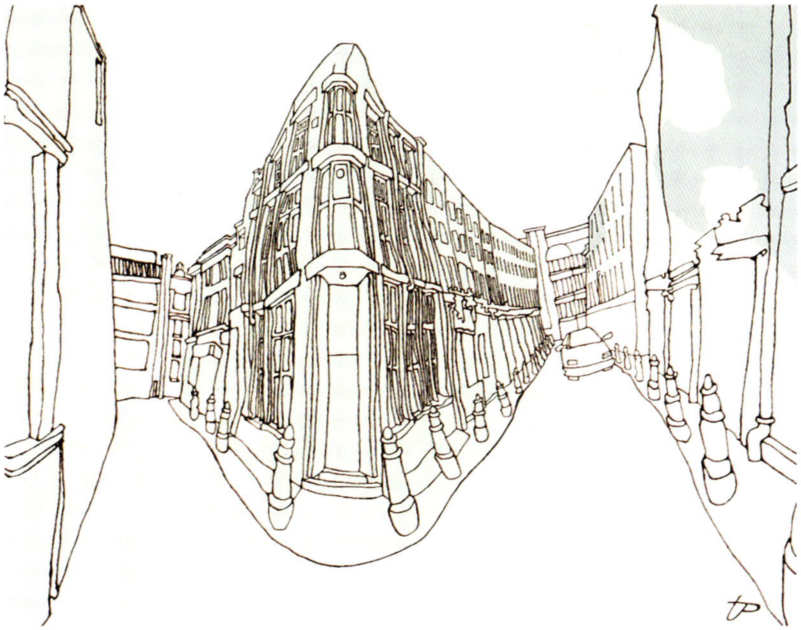

>8.2/Newburgh Street

>8.3/Soho Square

Von: Shonagh Rae / An: Den Autor

Welche Berufsbezeichnung führst du?
>Illustrator.

Warum tust du, was du tust?
>Es war negative Auslese.

Was inspiriert dich?
>Veränderung.

Handwerk/Technik: Worin liegt der Unterschied?
>Handwerk hat etwas mit Subtilität zu tun, Technik eher mit Annehmlichkeit.

Welche Techniken benutzt du?
>Zeichnungen und Collagen, digital bearbeitet.

Hast du diese Techniken immer benutzt?
>Ich habe schon immer auf ähnliche Weise gearbeitet, vor dem Umstieg auf den Computer habe ich allerdings eher Druckgrafiken angefertigt.

>9.1(oben)/Aerial,
in Auftrag gegeben von HSAG Design
>9.2(rechts)/Bucheinband für „Midnight in the Garden of Evel Knievel" von Giles Smith

>9.3/Caviar House,
in Auftrag gegeben von The Independent

>9.4/Zeta, in Auftrag gegeben von The Independent

>9.5/Bucheinband für „Lost in Music“ von Giles Smith

>9.6/IKEA, in Auftrag gegeben von IKEA Room Magazine

↘ 10 Miles Donovan | Seite: 34 | Stift und Maus

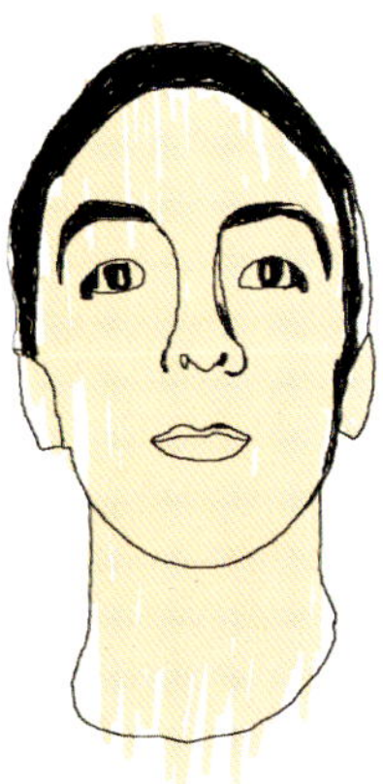

Von: Miles Donovan / An: Den Autor

Welche Berufsbezeichnung führst du?
>Illustrator.

Warum tust du, was du tust?
>Aus Freude daran, Bilder zu erstellen.

Was inspiriert dich?
>Gute Musik, New York, London Town, Emma Peel.

Handwerk/Technik: Worin liegt der Unterschied?
>Das Handwerk gewährt eine Befriedigung, die die Technik nie wird gewähren können.

Welche Techniken benutzt du?
>Photoshop für computergenerierte Bilder, Schablonen, Farbdosen und Acryl auf Leinwand/Papier für Gemälde.

Hast du diese Techniken immer benutzt?
>Das waren schon immer die Materialien und Techniken, die ich benutzt habe, obwohl ich mehr und mehr computergenerierte Arbeiten mache, seit ich meinen Mac besitze.

>10.1/New York Street Scene 1

>10.2-10.5(von links oben)/MLK 1, MLK 2, Scarface, Stevie Wonder

Von: Chris Kasch / An: Den Autor

Welche Berufsbezeichnung führst du?
>Freischaffender Illustrator.

Warum tust du, was du tust?
>Malen ist das Einzige, dessen ich mir immer sicher war. Ich bin sehr froh, in einem Beruf zu arbeiten, der mir Spaß macht.

Was inspiriert dich?
>Pop-Kultur, Filme, Plattencover, Mode und Interieurs der 60er- und 70er-Jahre, in einen modernen Kontext gebracht.

Handwerk/Technik: Worin liegt der Unterschied?
>Was das digitale Erzeugen von Bildern betrifft, meine ich, dass die Technik als Werkzeug benutzt werden sollte. Die besten computergenerierten Bilder, die ich bisher gesehen habe, sind die, bei denen mir nicht gleich aufgefallen war, dass sie am Computer entstanden sind. Anders ausgedrückt: Die Technik hat den kreativen Prozess nicht ersetzt. Um die Frage zu beantworten: Ich denke, es gibt überhaupt keinen Unterschied zwischen Handwerk und Technik.

Welche Techniken benutzt du?
>Acryl auf Papier.

Hast du diese Techniken immer benutzt?
>Acryl habe ich eigentlich immer verwendet. Ich habe früher ziemlich nachlässig und frei gearbeitet, aber das hat sich schnell geändert auf meinem Weg vom Studenten zum professionellen Illustrator.

>11.1/Batteries Not included

>11.2/Soul Mates, in Auftrag gegeben von You Magazine

>11.3/Little Mothers: Your Twisted Sister, Plattencover für Island Records

>11.4/Werbepostkarte für Mineral Clothing

>11.5/Werbepostkarte für Mineral Clothing

>11.6/Little Mothers: The Worry, Plattencover für Island Records

>11.7/Werbepostkarte für Mineral Clothing

↘ 12 Graham Rounthwaite Seite: 42 Stift und Maus

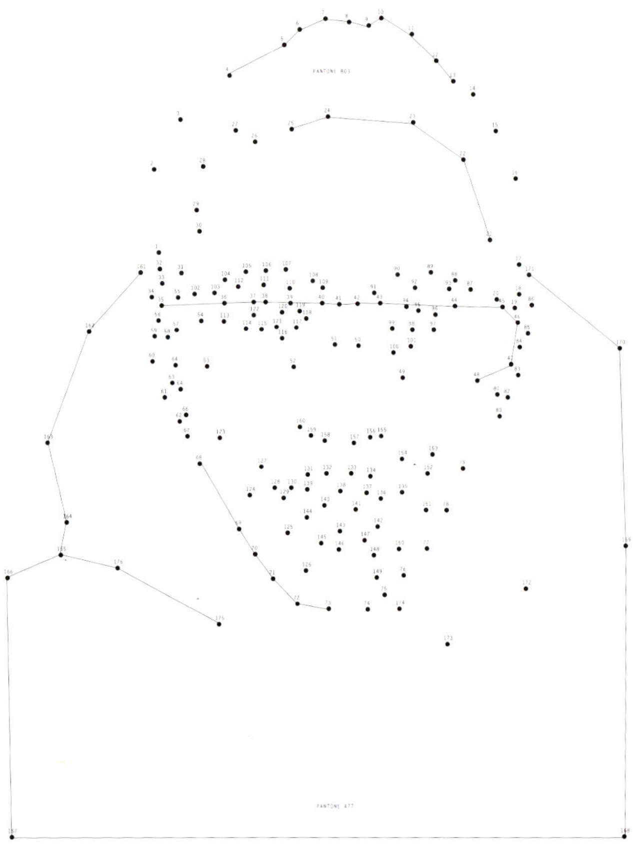

Von: Graham Rounthwaite / An: Den Autor

Welche Berufsbezeichnung führst du?
>Illustrator/Grafikdesigner.

Warum tust du, was du tust?
>Hype.

Was inspiriert dich?
>London.

Handwerk/Technik: Worin liegt der Unterschied?
>Nichts kann das Handwerk ersetzen. Ob man nun mit dem Computer arbeitet oder nicht, man fängt immer mit einem leeren Blatt oder einem leeren Bildschirm an. Um etwas Gutes hinzukriegen, braucht man eine Idee.

Welche Techniken benutzt du?
>Bleistift, Papier, Radiergummi, Computer.

Hast du diese Techniken immer benutzt?
>Das ändert sich ständig.

>12.1/Off-centre

>12.2/Levi's SilverTab Werbekampagne

>12.3/Levi's SilverTab Werbekampagne

>12.4/Levi's SilverTab Werbekampagne

>12.5/Levi's SilverTab Werbekampagne

Von: QuickHoney - Nana Rausch & Peter Stemmler / An: Den Autor

Welche Berufsbezeichnung führt ihr?
>Illustrator/Designer.

Warum tut ihr, was ihr tut?
>Es macht Spaß!

Was inspiriert euch?
>New York. Der Freund/die Freundin. Natur. Kaffee. Andere Freunde. Videospiele.

Handwerk/Technik: Worin liegt der Unterschied?
>Das sind zwei verschiedene Dinge. Ich sehe da eine Menge Unterschiede ...

Welche Techniken benutzt ihr?
>Nachzeichnen von Fotos in Illustrator. Pixel für Pixel in Photoshop.

Habt ihr diese Techniken immer benutzt?
>Anfangs haben wir mit der Hand gezeichnet. Dann stellten wir fest, dass der Computerstil viel mehr mit Gegenwart und Zukunft zu tun hat und dass das für uns mehr Sinn macht.

>13.1/Miss June

>13.2/House Love Sex

>13.3/Small World

>13.4/Psycho

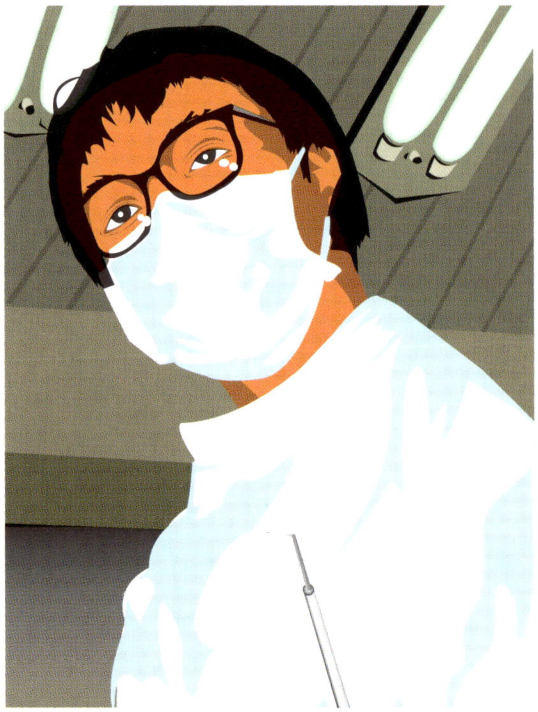

>13.5/The Dentist

Von: Spencer Wilson / An: Den Autor

Welche Berufsbezeichnung führst du?
>Illustrator.

Warum tust du, was du tust?
>Ich werde Inspiriert durch ein neues Buch oder Zeitschriften oder einfach durch Gespräche mit Freunden.

Was inspiriert dich?
>Ich bin in der glücklichen Lage, Freunde zu haben, die Ähnliches tun und in unmittelbarer Nähe wohnen. Mit ihnen zu sprechen, hilft mir, und die Konkurrenz motiviert mich auch ständig.

Handwerk/Technik: Worin liegt der Unterschied?
>Handwerk ist eine Fertigkeit, die man beherrschen muss, Technik hingegen ein Werkzeug, das man benutzen kann.

Welche Techniken benutzt du?
>Ich arbeite in verschiedenen Stilen und benutze je nach Auftrag eine Reihe verschiedener Werkzeuge für meine Arbeit. So handelt es sich zum Beispiel bei einem Auftrag um bloßes Nachzeichnen, ein anderes Mal muß ich ein Bild von Hand auf schlecht gedruckten Hintergrund malen. Ich wechsle meine Arbeitsmethoden gerne, damit es für mich interessant bleibt.

Hast du diese Techniken immer benutzt?
>Ja, sie passen sich lediglich den Anforderungen der jeweiligen Arbeit an.

>14.1/Scientists

>14.2/Crush Boy

>14.3/Business

>14.4/Noodle Boy

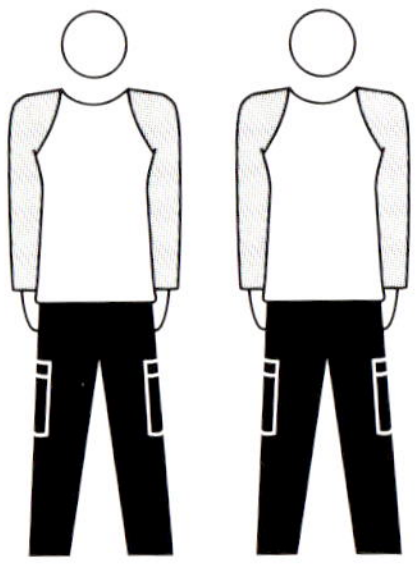

Von: Green Lady - Gary Benzel & Todd St John / An: Den Autor

Welche Berufsbezeichnung führt ihr?
>Keine.

Warum tut ihr, was ihr tut?
>Wir gestalten gern Bilder und Drucke zu Themen, die wir für wichtig, interessant oder amüsant halten.

Was inspiriert euch?
>Fotos von Dingen und real existierende Dinge, die wir im Leben sehen.

Handwerk/Technik: Worin liegt der Unterschied?
>Handwerk ist wie Makramee, Technik eher wie Roboter.

Welche Techniken benutzt ihr?
>Meist Zeichnen, dann am Computer Kolorieren und Nachzeichnen. Computer eignen sich auch für das Reproduzieren von Formen.

Habt ihr diese Techniken immer benutzt?
>Nein. Früher haben wir mehr gezeichnet, Filme geschnitten und eingefärbt, bis Computer es einfach gemacht haben, Formen und Farben zu entwickeln.

>15.1/Suits, Originalentwurf für Arkitip

>15.2/Trunkasaurus,
Originalentwurf für Arkitip

↘ 16 **Lucy Vigrass** Seite: 53 Stift und Maus

Von: Lucy Vigrass / An: Den Autor

Welche Berufsbezeichnung führst du?
>Illustrator.

Warum tust du, was du tust?
>Ich genieße die Herausforderung, Bilder zu einem Text oder nach Vorgaben anderer Leute zu entwerfen.

Was inspiriert dich?
>Meine Arbeit ist stark beeinflusst von den gedruckten Eintagsfliegen, die ich in den letzten Jahren gesammelt habe. Mir gefällt unsauber gedrucktes Material vor allem mit nicht passgerechten Farben.

Handwerk/Technik: Worin liegt der Unterschied?
>Mein persönlicher Standpunkt ist, dass Arbeit nur mit dem Computer allzu perfekte Bilder hervorbringt. Ich mag die Unsicherheit in der Technik, die ich benutze, trotzdem genieße ich den Luxus, die Arbeiten am Computer fertig zu stellen.

Welche Techniken benutzt du?
>Ich produziere einheitliche Farbdrucke, indem ich im Siebdruckverfahren durch Papierschablonen drucke. Mit dieser Technik lassen sich nur grobe, unvollkommene Bilder erstellen, aber gerade die Fehler gefallen mir.

Hast du diese Techniken immer benutzt?
>Diese Technik habe ich im Laufe der letzten Jahre entwickelt.

>16.1/Train

>16.2/Plane

>16.3/House

>16.4/Sushi

>16.5/Tower

↘ 17 **Paul Davis**	Seite: 56	Stift und Maus

Von: Paul Davis / An: Den Autor

Welche Berufsbezeichnung führst du?
>Künstler/Illustrator.

Warum tust du, was du tust?
>Ich zeichne supergern.

Was inspiriert dich?
>Das Leben selbst.

Handwerk/Technik: Worin liegt der Unterschied?
>Handwerk hat weniger Buchstaben.

Welche Techniken benutzt du?
>Zeichnen, Malen, Scannen, Kolorieren an meinem G4-Mac.

Hast du diese Techniken immer benutzt?
>Die letzten beiden nicht.

>17.1 (oben links)/Untitled
>17.2 (oben rechts)/Jesus
>17.3 (rechts)/Anzeige für Fake London Clothing

>17.4/My Feelings for You

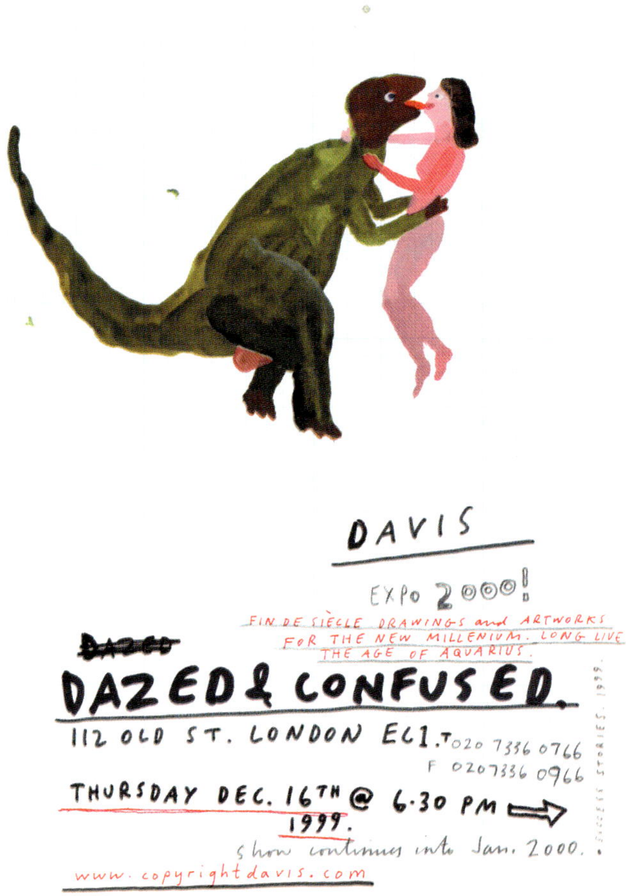

>17.5/Dazed & Confused Partyeinladung

>17.6/Dirty Non-Darwinism

>17.7/Fuck Off, Of Course I Love You

>17.8–17.12/Cock, Ass, Beaver, Tit, Pussy; Buchprojekt, Design: Nick Jones

Von: Joe Magee / An: Den Autor

Welche Berufsbezeichnung führst du?
>Kommt darauf an, wer mich fragt.

Warum tust du, was du tust?
>Ich glaube, ich habe ein Talent Bilder zu gestalten, und es macht mir Spaß.

Was inspiriert dich?
>Ich wünschte, das wüsste ich. Menschen, Musik, gute Kunst.

Handwerk/Technik: Worin liegt der Unterschied?
>Für mich ist Handwerk die Beherrschung eines Mediums. Die Technik ist ein Medium (meiner Meinung nach aber auch Werkzeug und oft Thema – das macht ihre Rolle etwas undurchsichtig). Das Handwerk der Nutzung von Technik, um Kunst zu schaffen, ist wie jedes Handwerk ein Prozess, der viel Zeit, Lernen, Erfahrung und letztendlich auch Experimentieren verlangt. Ein guter Handwerker schöpft sein Medium optimal aus. Bei der Technik ist das wiederum problematisch, weil sie ein riesiges Spektrum an Möglichkeiten umfasst: Kunst, die mit der Zeit arbeitet, verlangt zum Beispiel eine Reihe von Fertigkeiten, die früher auf mehrere Handwerker verteilt waren, wie das Schneiden und die Filmkunst. Für mich ist entscheidend, dass ich vor der kreativen Arbeit am Computer eine Vision habe, sonst verliert sich die Arbeit im digitalen Prozess.

Welche Techniken benutzt du?
>Das würde zu viel verraten.

Hast du diese Techniken immer benutzt?
>Nein.

>18.1/Rabbit Function

>18.2/Wrestler

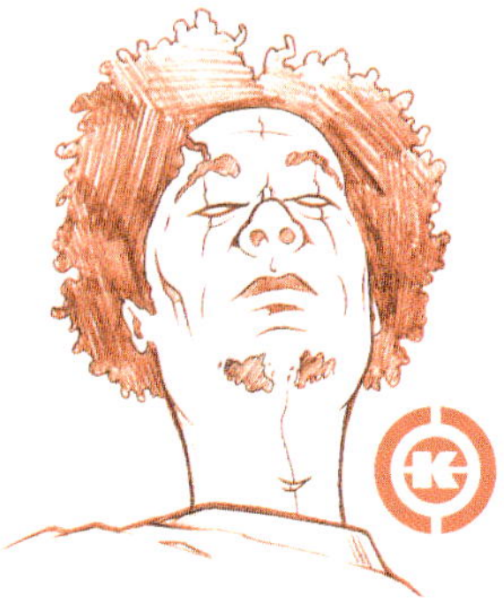

Von: Kinsey / An: Den Autor

Welche Berufsbezeichnung führst du?
>Moderne sozialistische Illustration, grafische Kunst, Design, bewegliche Kunstwerke.

Warum tust du, was du tust?
>Ich weiß nicht. Ich habe mich nicht darum gekümmert, bis ich zur Kunstschule gegangen bin, um meinem damaligen Leben zu entfliehen. Dort habe ich mein Innerstes entdeckt und mich entschieden, es ernst zu nehmen. Seit sich mein Leben von da an in Bewegung gesetzt hat, will ich nie wieder damit aufhören. Es bringt mich dazu, mich zu verstehen.

Was inspiriert dich?
>Motivierte kreative Menschen, die Unmögliches möglich machen. Natürliche freie Formen und Kräfte.

Handwerk/Technik: Worin liegt der Unterschied?
>Das Handwerk nutzt die Technik. Technik ist aus Erfahrungen mit Handwerk entstanden. Das eine gäbe es nicht ohne das andere.

Welche Techniken benutzt du?
>Digital, Acryl, Sprühdosen, Weizenkleister, Feder und Tinte, Kamera, Straßenmalerei.

Hast du diese Techniken immer benutzt?
>Seit zehn Jahren arbeite ich so. Als ich klein war, habe ich immer mit Bleistiften, Pinseln, mit allem, was ich in die Finger bekam, gern gemalt, aber ohne Verstand.

>19.1/Afro

>19.2/Harmony

>19.3/New Era

>19.4/Token

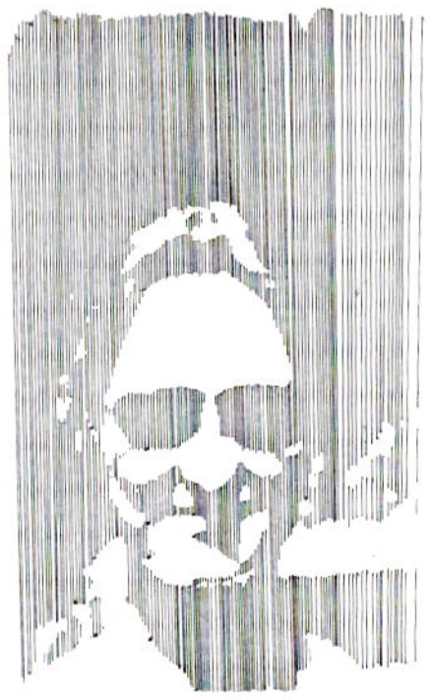

Von: Marion Deuchars / An: Den Autor

Welche Berufsbezeichnung führst du? / Warum tust du, was du tust? / Was inspiriert dich? / Handwerk/Technik: Worin liegt der Unterschied? / Welche Techniken benutzt du? / Hast du diese Techniken immer benutzt?

>kommerzieller künstler, bildermacher, illustrator, grafischer künstler, maler, dozent, idealist, kommunikation, unvorhersehbar, aufschlussreich, gewissenhaft, ermutigt, albern, irgendwie daran geraten, kann nichts anderes, schnell, einfach, qualvoll, neugierig, ehrgeizig, privilegiert, unordentlich, spielerisch, hilfreich, kontaktfreudig, wachsend, schöner urlaub, lustig, verantwortungsbewusst, unterschiedlich, zugänglich, später anfang, spätes ende, freiheit, miroslav holub, farbe, licht, geruch, große kunst, lokale kunst, erfindungsreichtum, geschick im zeichnen, mexikanische märkte, witz, melodie, hermann hesse, studs terkel, galbraith, dan graham, weiche elemente, harte elemente, ungezähmt, gebäude, sprache, sex, traurige dinge, duritti-spalte, geradlinigkeit, straßen, tequila, bus 73, gewohnheiten, beobachtungen, blumen, dinge aus holz, fabriano, rhythmus, humor, kies, meer, starts, arp, doctor strangelove, bett, günter grass, fotokopien, richter, filzstifte, parks, stühle, graffiti, liebe, farbe und noch mehr farbe, kohle, große dicke pinsel, schablonen, schnipsel, kontraste, brockman, dinge, die sich bewegen, schreibtisch aufräumen, entwurfskiste aufräumen, david cosby, abraumhalden, hände, de bono, philip guston, mundart, gute schuhe, proportion, lynch, brick lane, mark e smith, zeitungen, spazieren gehen, springen, paarweise dinge, arvo pärt, enzyklopädien, robert frank, zwölfflächner, handwerk - langsam zeichnen, schnell malen, farbe verändern, inspirierend, kontraste, ideen, fehler, verschiedene medien, arbeitsqualität, übung, fertigkeit, gefühl, prozesse, zeug umpacken, spontan, befriedigung, ordentlich, stets einfallsreich, form, sicher, alter hut, innovativ, vorhersehbar, ehrlichkeit, schönheit, nachdenklich, schlecht gezeichnet, die kraft eines bildes, ernst, technik - aufregend, neu, einfacher, innovativ, schnell, gelegenheiten, neue richtungen, ebenen, erweiterung von fachkenntnissen, faul, kranker rücken, schlechte augen, korrekturen, schnelligkeit, abstürze, grenze, ungewohnt, farbdrucker, zeug scannen, neuer bleistift, freie wahl des ortes, virus, desktop wiederherstellen, allgegenwärtig, langweilig, gefühllos, zweckmäßig, filter, effizienz, detail, gerade linien, ordentlich, farben verändern, skalierung verändern, dynamisch, süchtig machend, befreiend, vorhersehbar, angst.

>20.1/in Auftrag gegeben von New Scientist magazine

>20.2/Summer card, in Auftrag gegeben von Unleaded Design

>20.3/Las Cazuelas

>20.4/Casa Jesus Vidal

>20.5/Baseball, Cuba

>20.6/Adam at Beach

Von: Ceri Amphlett / An: Den Autor

Welche Berufsbezeichnung führst du?
>Visuell tätige Person.

Warum tust du, was du tust?
>Das ist meine Bestimmung.

Was inspiriert dich?
>Dinge, die Leute sagen und tun.

Handwerk/Technik: Worin liegt der Unterschied?
>Man kann handwerklich mit Technik umgehen, und man kann technisch mit Handwerk umgehen.

Welche Techniken benutzt du?
>Acryl auf Acetat.

Hast du diese Techniken immer benutzt?
>Hauptsächlich.

>21.1-21.6/The Changing Faces of Lucy

Von: Roderick Mills / An: Den Autor

Welche Berufsbezeichnung führst du?
>Illustrator/visueller Kommunikator.

Warum tust du, was du tust?
>Ich habe schon immer visuell gestaltet. Das ist manchmal die einzige Möglichkeit, Gedanken und Ideen auszudrücken und mitzuteilen. Selbst wenn es nur mit einfachen Mitteln wie Stift und Papier ist.

Was inspiriert dich?
>Kindheitserinnerungen, Fotografien, Filme, Bücher, Joseph Beuys, Christian Boltanksi, Marlene Dumas, Annette Messenger, Gerhard Richter, Luc Tuymans ...

Handwerk/Technik: Worin liegt der Unterschied?
>Handwerk scheint ein Können zu bezeichnen – das Vermögen, eine Technik anzuwenden, um zu zeichnen, zu malen oder zu formen –, die erste Reaktion auf einen Gedanken, eine Nachricht oder Idee.
Technik ist eine Form der Anwendung – das Mittel, das ursprüngliche, vielleicht sogar mit der Hand gezeichnete Bild zu reproduzieren, zu kopieren.

Welche Techniken benutzt du?
>Zurzeit zeichne ich und nutze dann Fotokopiertechniken, um das Bild weiterzuentwickeln.

Hast du diese Techniken immer benutzt?
>Nein, es sind lediglich die Mittel, die es mir erleichtern, Bilder zu erstellen. Obwohl das Zeichnen der wichtigste Bestandteil meiner visuellen Sprache bleibt.

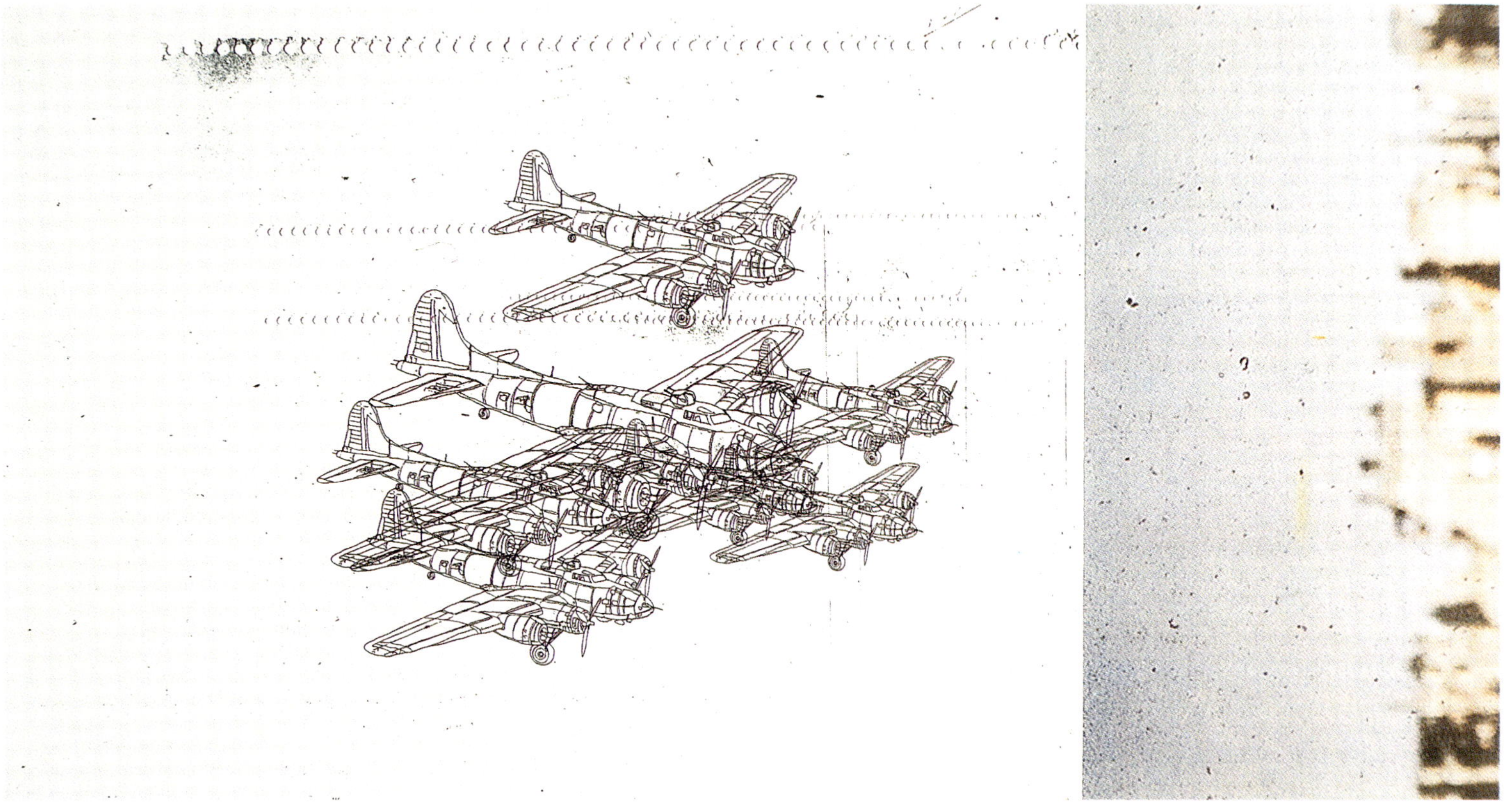

>22.1/aus einer Serie für „Catch 22" von Joseph Heller für die Folio Society Illustration Awards

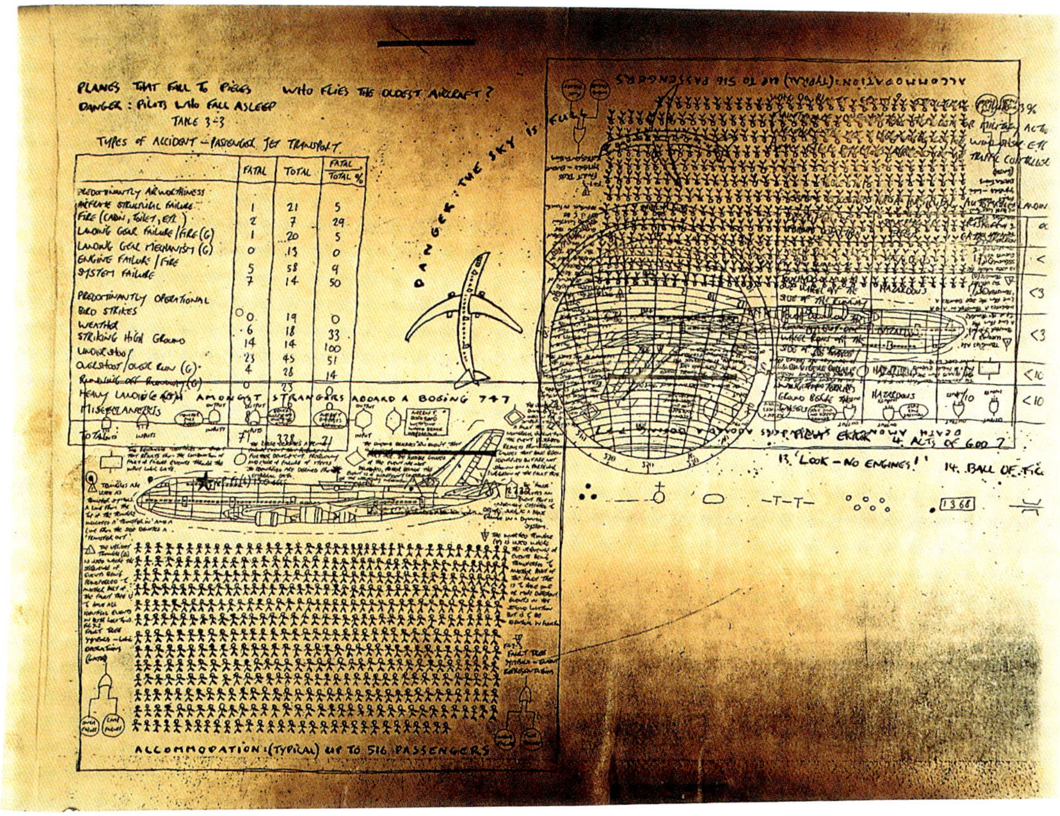

>22.2/aus einer Serie, inspiriert von „Staring at the Sun" von Julian Barnes

>22.3/aus einer Serie für „Catch 22" von Joseph Heller für die Folio Society Illustration Awards

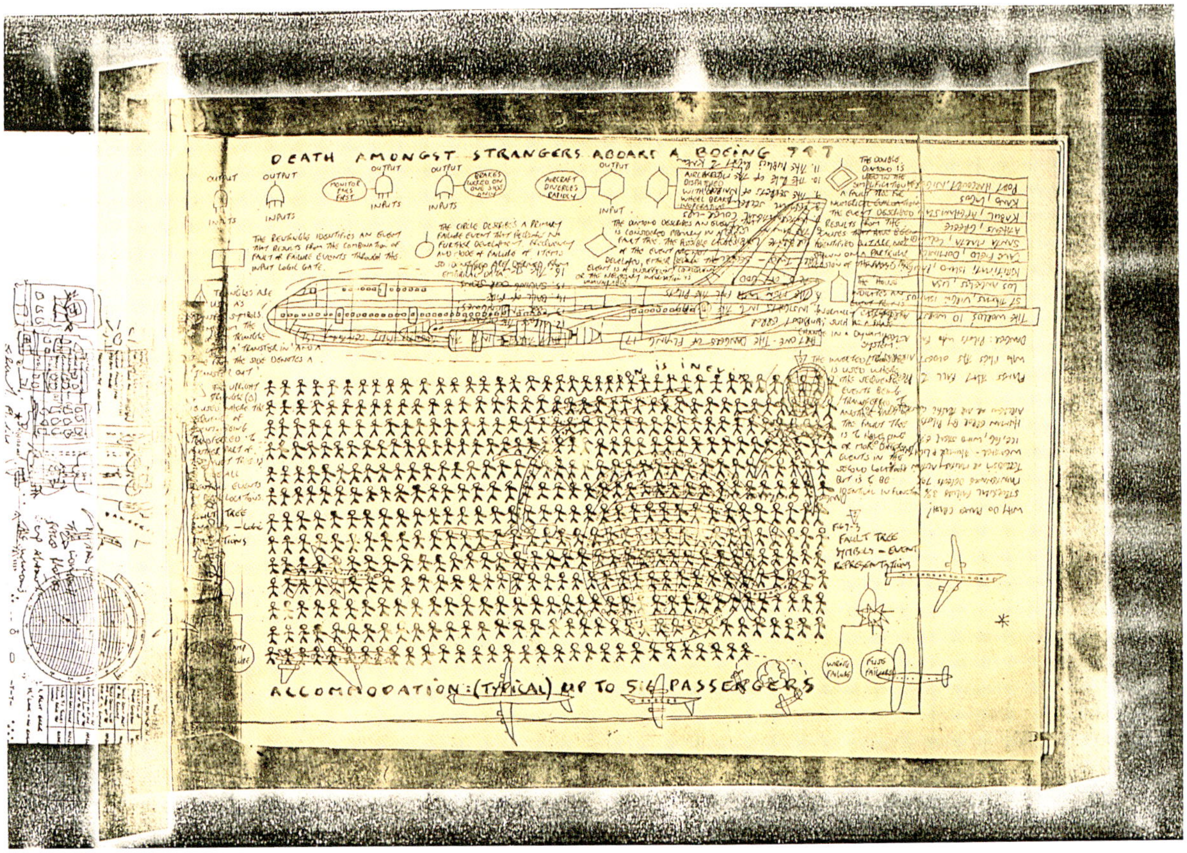

>22.4/aus einer Serie, inspiriert von „Staring at the Sun" von Julian Barnes

↘ 23 **Steff Plaetz**	Seite: 72	Stift und Maus

Von: Steff Plaetz / An: Den Autor

Welche Berufsbezeichnung führst du?
>Künstler/Illustrator.

Warum tust du, was du tust?
>Es ist das, was ich tun möchte, um mir meinen Lebensunterhalt zu verdienen.

Was inspiriert dich?
>Kunst, Musik, Sport, Filme, Freunde, Familie.

Handwerk/Technik: Worin liegt der Unterschied?
>Handwerklich geschickte Techniker machen den Unterschied ...?

Welche Techniken benutzt du?
>In einer Stadt leben, tagträumen, zeichnen, malen, am Computer arbeiten.

Hast du diese Techniken immer benutzt?
>Ja, Madam.

>23.1/Probearbeit für HHCL

>23.2/Next City Kid 3031

>23.3/unbenutztes Flyer-Design für Don't Panic

Von: Eike König 24 / An: Den Autor

Welche Berufsbezeichnung führst du?
>Gebrauchsgrafiker.

Warum tust du, was du tust?
>Weil es mir Spaß macht.

Was inspiriert dich?
>Alles.

Handwerk/Technik: Worin liegt der Unterschied?
>Gibt es da Unterschiede?

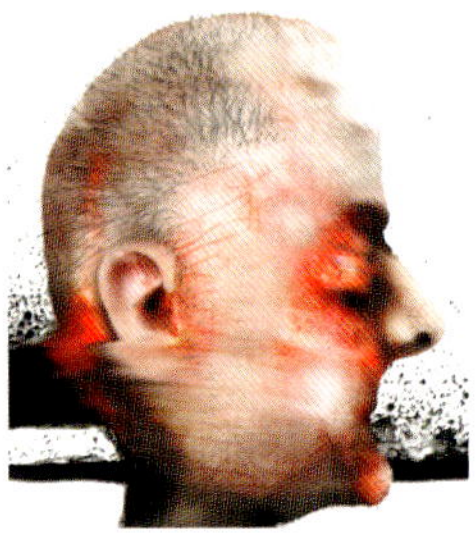

Von: Ralf Hiemisch 25 / An: Den Autor

Welche Berufsbezeichnung führst du?
>Illustrator.

Warum tust du, was du tust?
>Es macht mir Spaß und sichert meine Miete.

Was inspiriert dich?
>Die Dinge um mich herum.

Welche Techniken benutzt du?
>Malen, Fotos, Computer, Modellbau.

Von: Marco Fiedler 26 / An: Den Autor

Warum tust du, was du tust?
>Darüber habe ich nie nachgedacht.

Was inspiriert dich?
>Alles.

Handwerk/Technik: Worin liegt der Unterschied?
>Da gibt es keinen Unterschied.

Welche Techniken benutzt du?
>Jede, die mir hilft, eine Idee in die Realität umzusetzen.

>25.1/Run

>25.2/Niedlich

>25.3/Puppenmann

>25.4/Metallstar Klein

>24.1/25.5/Lieb Subraum, Plattencover

>24.2/25.6/Heaven 17, Plattencover

>25.7/Rahmen

>26.1 (oben)/Bang
>25.8 (rechts)/Babies

>24.3/City 2000

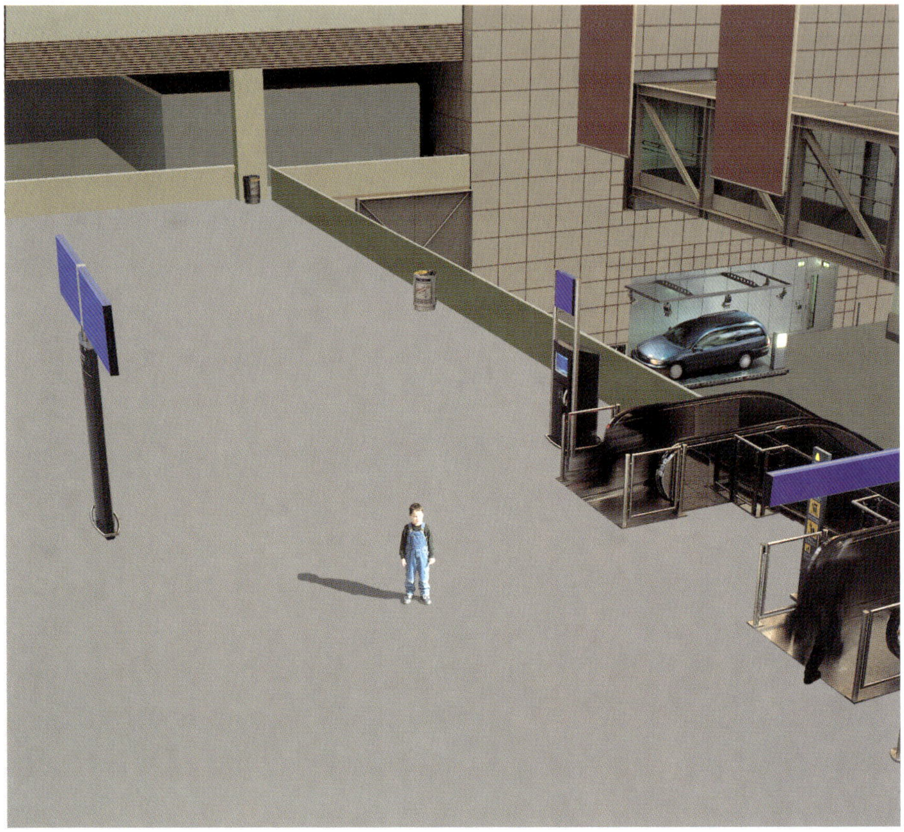

>24.4/KayCee: Escape, Plattencover

>24.5/KayCee: Escape, Plattencover

Von: Faiyaz Jafri / An: Den Autor

Welche Berufsbezeichnung führst du?
>Digital-Künstler.

Warum tust du, was du tust?
>Ich kann mir nicht vorstellen, etwas anderes zu tun.

Was inspiriert dich?
>Japanische Animation, alte erotische Kunst, Comics, Sciencefiction, Cyberpunk, Filme, Fernsehwerbung, der schmale Grat zwischen Unschuld und Perversion.

Handwerk/Technik: Worin liegt der Unterschied?
>Ein Computer ist eine derart starke Bilderzeugungsmaschine, dass sie einem, wenn man sie nicht beherrscht, die Vorgehensweise für die eigene Arbeit diktiert. Die Technik zu beherrschen, zu wissen, wie man eine Idee innerhalb der Grenzen von Soft- und Hardware des Computers visualisiert, ist die Basis für die Entwicklung der handwerklichen Fertigkeit als Digital-Künstler.

Welche Techniken benutzt du?
>Sämtliche Werke sind computergeneriert. Ich benutze kein analoges Material für meine Arbeiten. Analog ausgedrückt, ist meine Maus der Pinsel und der Bildschirm meine Leinwand. Meine Bilder werden mit 2D- und 3D-Computersoftware erstellt.

Hast du diese Techniken immer benutzt?
>Zumindest in den letzten zehn Jahren.

>27.1/Napster,
in Auftrag gegeben
von SPIN magazine

>27.2(rechts)/Domestic, in Auftrag gegeben von MAN magazine

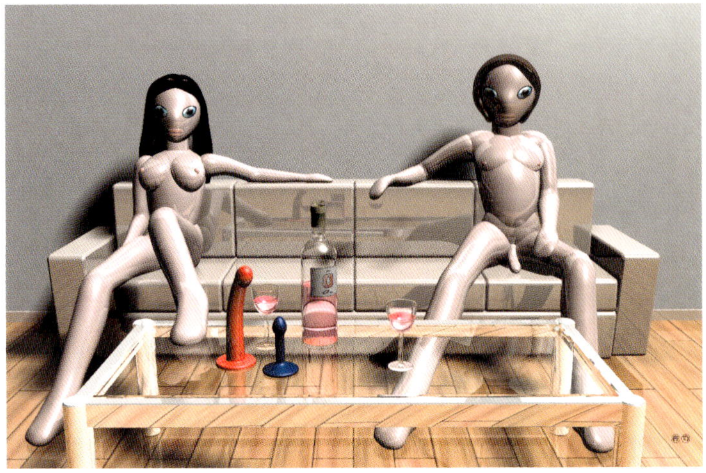

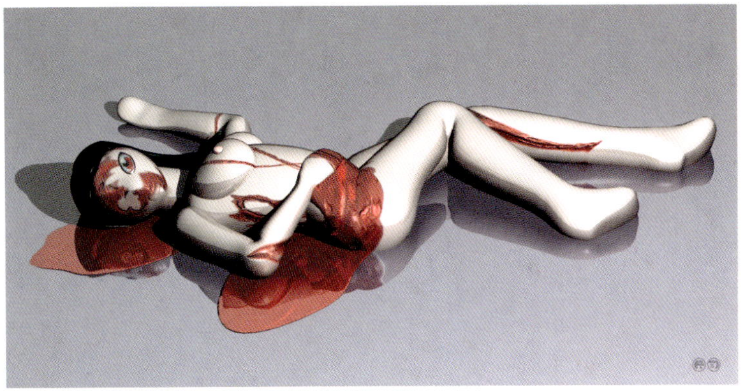

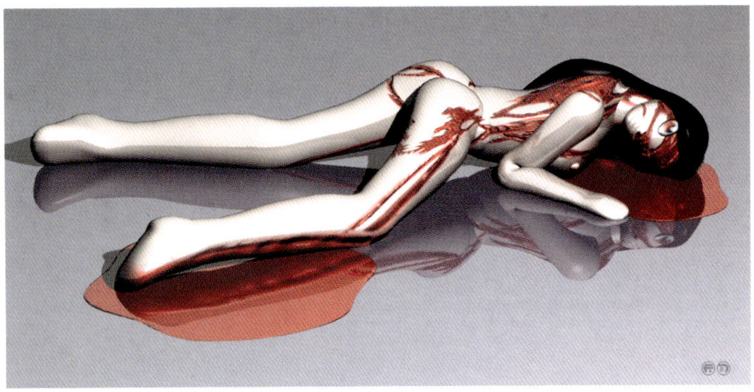

>27.3-27.4(oben)/Debora & Delila

>27.5/Pamela, in Auftrag gegeben von Bikini magazine

>27.6/Star, in Auftrag gegeben von Heineken

>27.7/Dorothy, in Auftrag gegeben von ROS magazine

Von: Akio Morishima / An: Den Autor

Welche Berufsbezeichnung führst du?
>Grafischer Künstler.

Warum tust du, was du tust?
>Das ist eine lange Geschichte; aber mit einem Wort: Schicksal.

Was inspiriert dich?
>Liebe und Angst.

Handwerk/Technik: Worin liegt der Unterschied?
>Technik ist das Mittel, mit dem Handwerk erzeugt wird.

Welche Techniken benutzt du?
>Was am schnellsten geht. Computer sind ziemlich schnell.

Hast du diese Techniken immer benutzt?
>Nein, ich habe früher sehr langsam gearbeitet.

>28.1/Salarymen

>28.2/IMAC Sumo

>28.3/I Love You with My Ford (after JR)

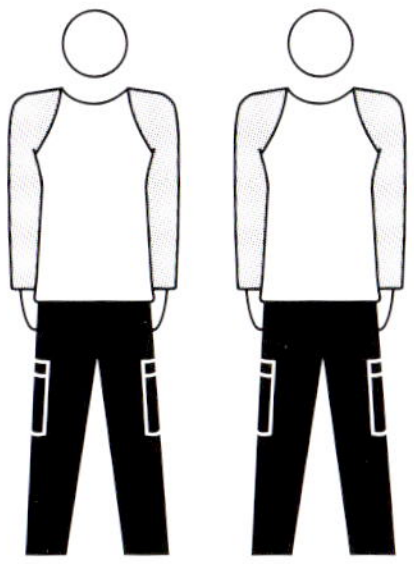

Von: Warren Du Preez & Nick Thornton Jones / An: Den Autor

Welche Berufsbezeichnung führt ihr?
>Partnerschaftlich arbeitende Künstler.

Warum tut ihr, was ihr tut?
>Kreative Veranlagung und Erfüllung. Zusammenarbeit hat den Vorteil, Schwerpunkte oder Visionen zu vereinen und Energie und Ressourcen zu bündeln, um Neues zu schaffen, sich zu inspirieren und neue Gebiete und Einflüsse zu erforschen. Ach, wer weiß? Um Spaß zu haben.

Was inspiriert euch?
>Wir uns, das Leben, ein eklektischer Mix aus subpopulärer Kultur, Mode, Musik, Design.

Handwerk/Technik: Worin liegt der Unterschied?
>Es gibt keinen. Es ist wie eine Weiterentwicklung mit viel mehr Elementen in der Gleichung, was es nicht unbedingt erleichtert. Die Disziplinen, die vor der Technikwelle im Handwerk verfeinert wurden, sind die, die sich in einem neueren Medium durchgesetzt haben und ausgeübt werden. Wir stehen für eine gesunde Mischung aus allen Disziplinen.

Welche Techniken benutzt ihr?
>Eine gesunde Mischung aus Humor, Kombination der handwerklichen Disziplinen und technischer Überarbeitung. Alternative Beleuchtung, Haare, Make-up und Styling, Fotografie, Artdirection, das Wechseln zwischen Handwerk und digitalem Bereich, bis man schließlich eine elektronische Datei eines Bildes erstellt hat, bla bla bla ... unschlüssig, die Einzelheiten des Mischprozesses zu enthüllen, mit dem wir die hypergrafischen Bilder anfertigen.

Habt ihr diese Techniken immer benutzt?
>Wir sind keine gewöhnlichen Wiederholungstäter. Techniken schleifen sich ein, manche werden immer wieder angewandt, aber kein Bild hat jemals genau die gleiche Mischung. Die Techniken haben wir entwickelt, erforscht und in Hunderten von Stunden ausgearbeitet.

>29.1/Untitled

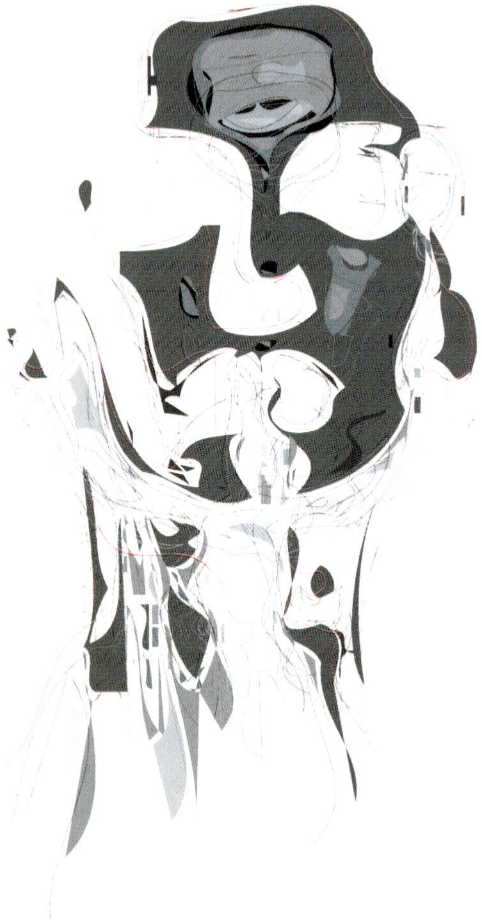

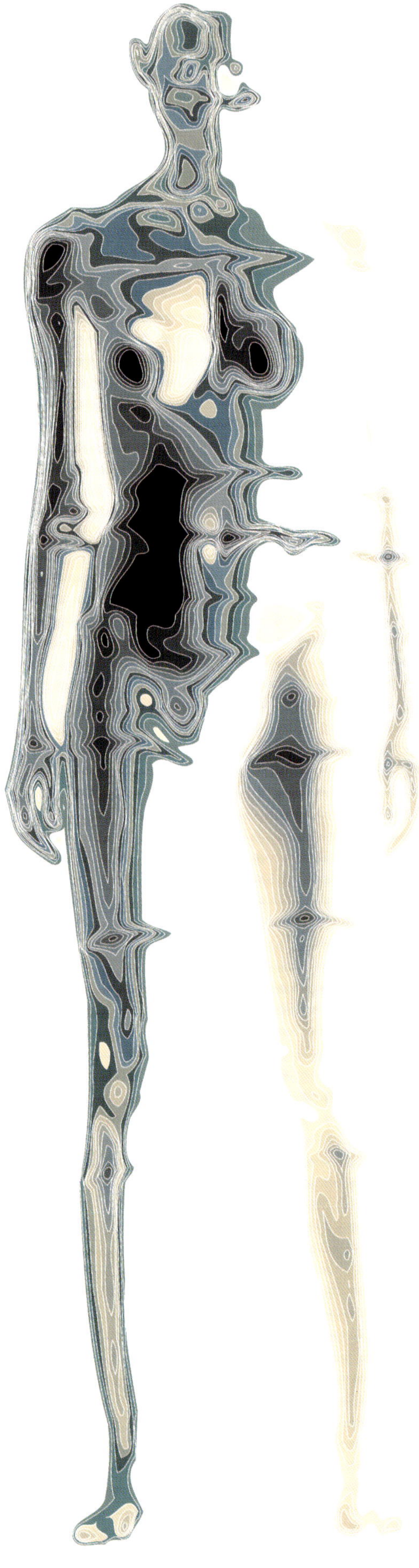

>29.2(oben)/Untitled
>29.3(rechts)/Untitled

>29.4/Untitled

Von: Reggie Pedro / An: Den Autor

Welche Berufsbezeichnung führst du?
>Ich benutze normalerweise die Bezeichnung Maler/Illustrator, aber Arbeit Suchender tut's auch.

Warum tust du, was du tust?
>Ich habe den größten Teil meiner Karriere damit verbracht, darüber nachzudenken. Es ist eine gute Frage, die ich mir immer wieder stelle, weil sie mir hilft, meine Arbeit zu gestalten und dem, was ich tue, eine Bedeutung zu geben. Es ist so leicht, einfach loszulegen und zu arbeiten, ohne daran zu denken, ob oder ob es nicht für jetzt von Bedeutung ist; vor allem bei einem Medium wie der Malerei, das so alt ist wie sonst was. Ich erinnere mich an einen Lehrer am College, der gesagt hat, dass einem niemand etwas erzählen kann, wenn man nur genug Zuversicht und Überzeugung für das hat, was man tut. Aber im Übrigen denke ich, ist nichts dagegen einzuwenden, etwas nur um der Sache willen zu tun.

Was inspiriert dich?
>Die Inspiration ist oft schwer auszumachen, weil ich selten aus nur einer Quelle schöpfe. Außerdem ergibt sich viel von dem, was ich produziere, aus dem eigentlichen Schaffensprozess. So kann ich z.B. mit einem einzelnen Bild auf einer leeren Leinwand anfangen und darauf aufbauen. Gelegentlich lese ich, um mich inspirieren zu lassen, und ich sammle gern kurze, bedeutsame Formulierungen und Aussagen. Gedichte und Kurzgeschichten können mich inspirieren. Am wichtigsten ist jedoch, dass ich kleine Skizzenbücher mit mir herumschleppe, in die ich jede Menge visuelle Informationen aufnehme. Oft sind dies die späteren Baupläne für meine Bilder.

>30.1/Blaze

>30.2/Bruce Lee

Handwerk/Technik: Worin liegt der Unterschied?
>Ich bin mir nicht ganz sicher, warum ihr mir diese Frage stellt, weil ich mich weder als Handwerker noch als jemand sehe, der viel Technik einsetzt. Mir wurde immer gesagt, dass ein Handwerker jemand ist, der das, was er tut, in irgendeiner Form industriellen Bedürfnissen anpasst, wohingegen ein Künstler nutzlose Dinge schafft (mit der Betonung auf Nutzen). Ich meine, dass Handwerk das Schaffen eines Objektes und das Objekt selbst bedeutet. Technik ist das, was uns dazu befähigt.

Welche Techniken benutzt du?
>Ich benutze so ziemlich jedes Zeichenwerkzeug, das ich in die Finger bekommen kann. Zeichnen ist schon immer wichtig für meine Arbeit gewesen. Ich verwende auch verschiedene Druck- und Übertragungstechniken, Öl, Acryl, Haushaltsfarben und manchmal Fotos. Aber ihr seid vielleicht eher an der tatsächlichen Anwendung des Mediums interessiert. Das Problem ist, dass ich niemals bei einer Arbeitsweise bleibe. Ich versuche, eine Aufgabe von so vielen verschiedenen Gesichtspunkten anzugehen wie nötig. Daher hängt die Technik normalerweise von der Art der Arbeit ab.

Hast du diese Techniken immer benutzt?
>Ich habe immer gezeichnet. Die Malerei kam etwas später, und die Drucktechniken sind neueren Datums.

>30.3/10

>30.4/Zeek!

Von: Kate Gibb / An: Den Autor

Welche Berufsbezeichnung führst du?
>Siebdrucker ... Illustrator.

Warum tust du, was du tust?
>Weil es mir riesigen Spaß macht! Ich entdecke immer noch neue Techniken und lerne dazu, was mich ständig neu inspiriert (und im Grunde wüsste ich nicht, was ich anderes tun sollte!).

Was inspiriert dich?
>Viele Dinge ... Menschen ... Orte ... Fotografie ... Fernsehen.

Welche Techniken benutzt du?
>Hauptsächlich Siebdruck ... fotografisch und mit Schablonen. Verändert sich zurzeit in Richtung Fotografie und Photoshop, um abwechslungsreichere Ergebnisse auf dem Bildschirm zu erzielen.

Hast du diese Techniken immer benutzt?
>Nein! Ich wurde zum Textildesigner ausgebildet. Dazu gehört eine Menge Papierkram, Malen und Drucken auf Stoff oder Tapete.

>31.1/Chemical Brothers: Hey Boy Hey Girl, Plattencover

>31.2/Mono, Plattencover

>31.3/Chemical Brothers: Surrender, Plattencover (Innenseite)

↘ 32 Alan Baker	Seite: 96	Stift und Maus

Von: Alan Baker / An: Den Autor

Welche Berufsbezeichnung führst du?
>Maler/Illustrator.

Warum tust du, was du tust?
>Weil mir danach ist.

Was inspiriert dich?
>Gute Geschichten und schlechte Fotoalben.

Handwerk/Technik: Worin liegt der Unterschied?
>In nichts.

Welche Techniken benutzt du?
>Nancy Kominsky.

Hast du diese Techniken immer benutzt?
>Nein.

>32.1/Camera Shy Lady

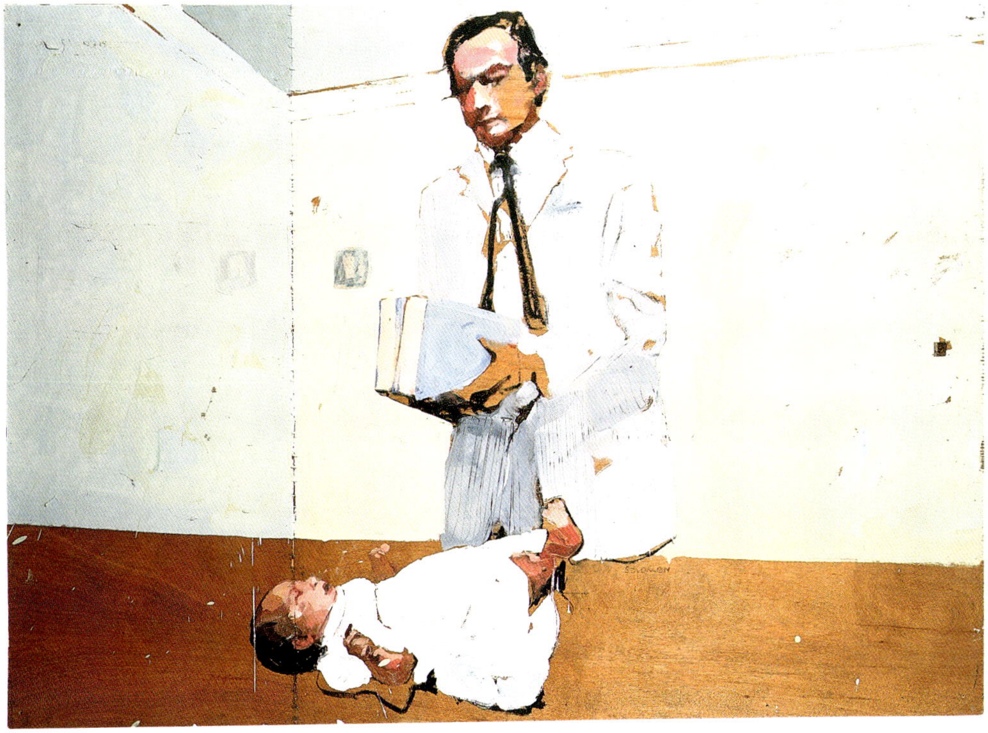

>32.2/Solomon

>32.3/Edie and Ernie

>32.4/Horizontal Man

>32.5/Men Fighting in a Kitchen

Von: Nick Higgins / An: Den Autor

Welche Berufsbezeichnung führst du?
>Wenn ich bezahlt werde, Illustrator, denke ich.

Warum tust du, was du tust?
>Ich finde gern verschiedene Wege, Dinge zu beschreiben, die mich interessieren.

Was inspiriert dich?
>Geografie, Geologie und Geometrie.

Handwerk/Technik: Worin liegt der Unterschied?
>Beim Handwerk hatte man noch eine Wahlmöglichkeit.

Welche Techniken benutzt du?
>Illustrator und Photoshop, also die Werkzeuge, die am ehesten meiner früheren Art zu malen oder Collagen zu machen entsprechen. Die einfachen Werkzeuge lieber als Filter oder Effekte.

Hast du diese Techniken immer benutzt?
>Nein. Sie entsprechen nur am ehesten meiner früheren Arbeitsweise. Das physische Gefühl für das Material fehlt am Computer, aber ich denke, das kann man in Kauf nehmen, wenn man sieht, wie viele schnelle Verfahren einem zu Hause zur Verfügung stehen. Damit hat sich auch das Erscheinungsbild meiner Arbeiten völlig geändert.

>33.1(rechte Seite oben)/Mash
>33.2(oben und rechte Seite unten) Deutsche Bank, in Auftrag gegeben von Frost Design für Nokia in-house magazine

>33.3/Korral

>33.4/Blossom

>33.5/Gas Trees

Von: Shiv / An: Den Autor

Welche Berufsbezeichnung führst du?
>Das kommt darauf an, mit wem ich spreche.

Warum tust du, was du tust?
>Weil es das ist, was ich am besten kann.

Was inspiriert dich?
>Die Frage müsste eher wer als was lauten.

Handwerk/Technik: Worin liegt der Unterschied?
>Handwerk kann ohne Technik existieren, Technik aber nicht ohne Handwerk.

Welche Techniken benutzt du?
>Das kommt auf das Projekt an, normalerweise aber 35-mm-Fotos und Photoshop.

Hast du diese Techniken immer benutzt?
>Nein.

>34.1/Amber

>34.2/Pressure

>34.3/Cowboy

>34.4/Front

Von: René Habermacher / An: Den Autor

Welche Berufsbezeichnung führst du?
>Illustrator.

Warum tust du, was du tust?
>Ich habe mich immer für Reproduktionen und Vervielfältigung interessiert. Ich arbeite gern für ein großes Publikum. Ich finde es aufregend, wenn meine Arbeiten Tausenden von Betrachtern präsentiert werden.

Was inspiriert dich?
>Geschichte, Architektur, Mode.

Handwerk/Technik: Worin liegt der Unterschied?
>Eine Frage des Wahrnehmungsvermögens! Wer sein Werkzeug beherrscht, kann mit den Händen ebenso perfekt arbeiten wie am Computer. Da ist kein Unterschied. Aber eine analoge Grundlage ist immer gut. Die größte Gefahr des ausschließlich digitalen Arbeitens liegt darin, dass dem endgültigen Produkt die Atmosphäre fehlt.

Welche Techniken benutzt du?
>Japanische Tusche, Aquarell, Computer.

Hast du diese Techniken immer benutzt?
>Ich habe sehr traditionell mit japanischer Tusche auf Aquarellpapier begonnen, daraus meine Technik entwickelt, schichtweise Farben übereinander zu legen. Beim Bearbeiten der Scans für die Reproduktion habe ich bemerkt, welche Potenziale in der Überarbeitung am Computer stecken. Das ist seit zwei Jahren ein wichtiges Element meiner Arbeiten.

>35.1/Julio

>35.2(rechts)/Burn Baby Berne
>35.3(unten)/Oriana Fallacis Nichten

Von: Jasper Goodall / An: Den Autor

Welche Berufsbezeichnung führst du?
>Illustrator (obwohl ich es hasse - klingt so nach 80er-Jahren. Mir fällt nur nichts Besseres ein).

Warum tust du, was du tust?
>Meine einfache Antwort ist, weil es das Einzige ist, was ich kann und weil ich es gut kann. Die komplexe lautet etwa so: Ich denke, man ist auch Künstler, um seine Identität in der Welt zu behaupten; manchmal hat man das Bedürfnis, ein Werk zu schaffen, weil man ein persönliches Gefühl vermitteln möchte, das unsichtbar in einem Bild festgehalten ist. Manchmal ist es nur der egoistische Wunsch, etwas zustande zu bringen, was die Leute begeistert - eine Art Suche nach Ruhm. Aber ich denke doch oft, ich hätte Förster werden sollen ...

Was inspiriert dich?
>Viele Dinge inspirieren mich, leider eignen sich nicht alle für kommerzielle Arbeiten. Um einige zu nennen: Helmut Newton, sexy Frauen, Landschaftsfotografie, Sachen, die man am Computer machen kann, merkwürdige Dinge, die ich höre oder sehe

>36.1/Supermarket

(wenn ich einen Wunsch frei hätte, hätte ich gern eine eingebaute Kamera im Auge).

Handwerk/Technik: Worin liegt der Unterschied?
>Es gibt absolut keinen - der Computer ist das Gleiche wie ein Pinsel oder ein Druckstock: ein Werkzeug. Die Technik allein kann keine große Kunst und kein großes Design produzieren; man braucht immer noch Talent und Vorstellungsvermögen, um ihre Möglichkeiten in die richtigen Bahnen zu lenken.

Welche Techniken benutzt du?
>Im Prinzip ahme ich am Mac den Siebdruck nach, den ich - mit Schablonen und Autosprühlack - bereits genutzt habe, bevor ich einen Mac hatte. Es ist das gleiche Verfahren: Man wählt etwas aus und füllt es.

Hast du diese Techniken immer benutzt?
>Ich bin immer auf die gleiche Weise (mental) an ein Bild herangegangen, um herauszufinden, welche Farben sich mit welchen Formen vertragen. Nur das Werkzeug hat sich geändert. Die Leute fragen mich immer noch, ob die eine oder andere Arbeit ein Siebdruck ist. In meinem Kopf ist es das; es hat nur halb so lang gedauert und ich brauchte keine riesige, dreckige Werkstatt.

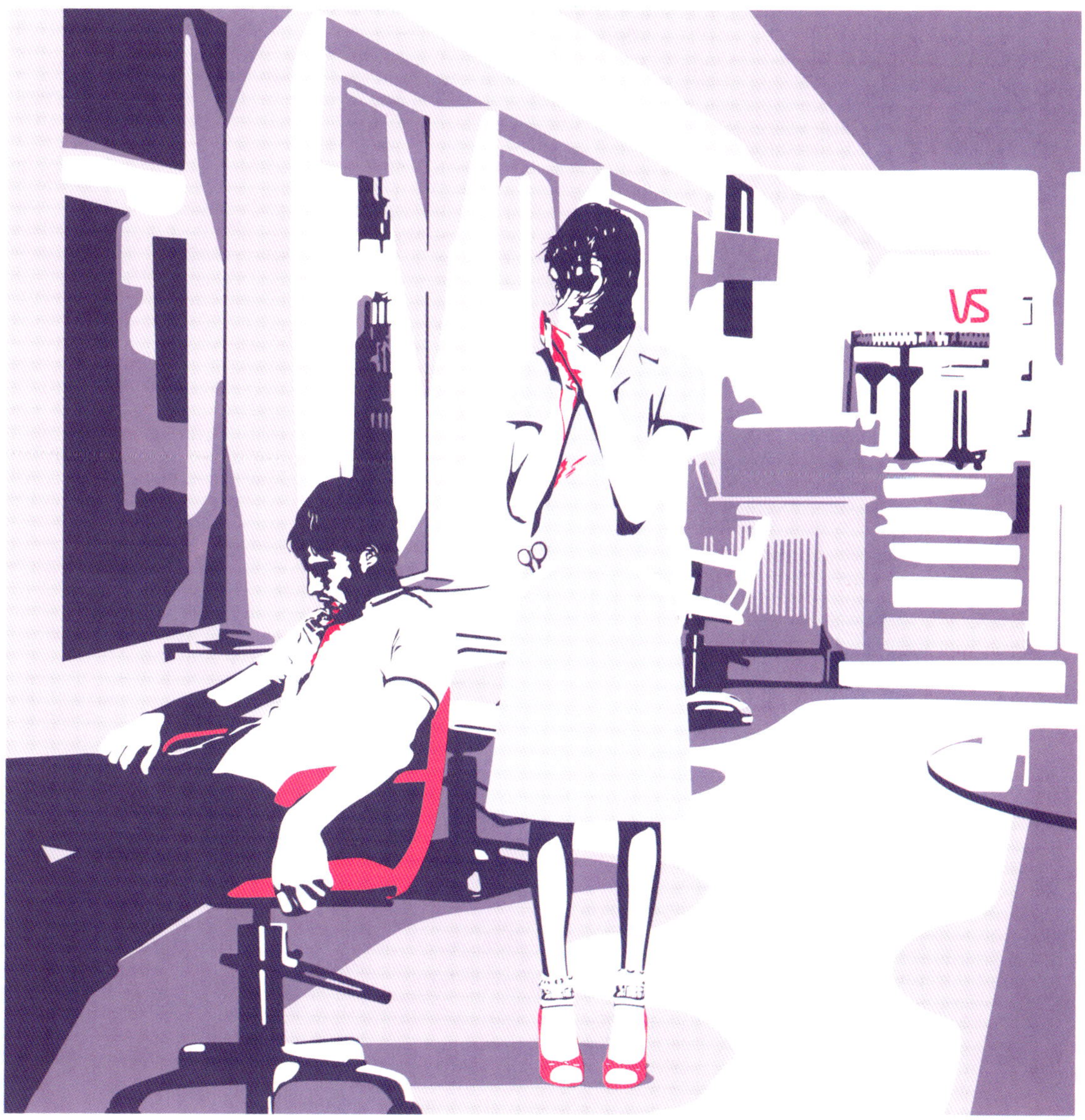

>36.2/Hairdresser

>36.3/Levi's All Duty nationwide point of sale

>36.4/Levi's All Duty nationwide point of sale

>36.5/Airfix Stripper 1

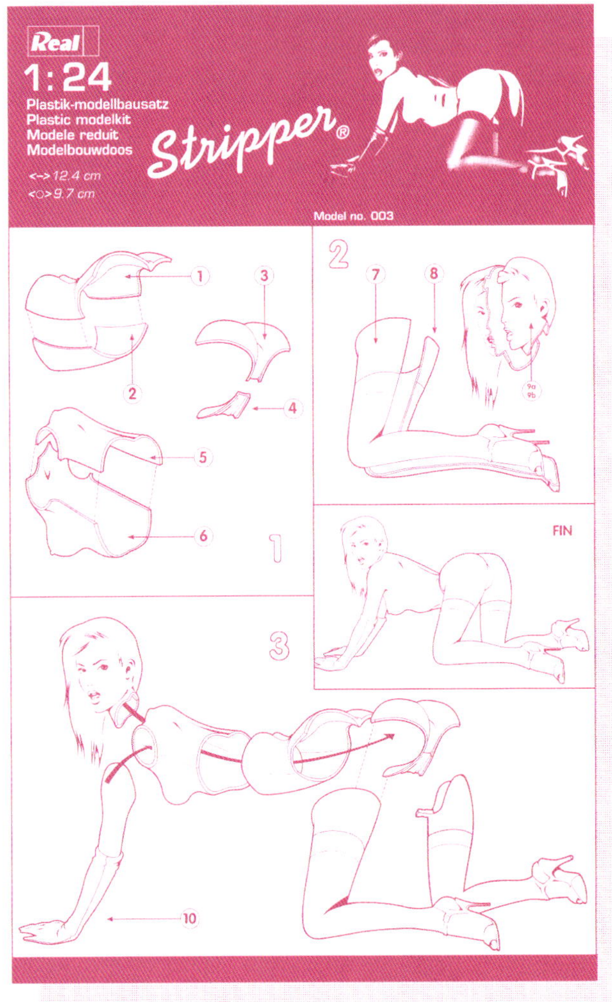

>36.6/Airfix Stripper 2

↘ 37 **Tim O'Riley**	Seite: 114	Stift und Maus

Von: Tim O'Riley / An: Den Autor

Welche Berufsbezeichnung führst du?
>Künstler.

Warum tust du, was du tust?
>Gewohnheit.

Was inspiriert dich?
>Zufällige Objekte, Dinge, die mir jeden Tag begegnen, die Wissenschaft, das Unerwartete.

Handwerk/Technik: Worin liegt der Unterschied?
>Die Technik scheint die Unterschiede zwischen den Dingen zu verwischen, der Unterschied liegt aber in Wirklichkeit in den Ideen.

Welche Techniken benutzt du?
>Hauptsächlich 3D-Modellieren und Zeichnen.

Hast du diese Techniken immer benutzt?
>Schon eine ganze Zeit lang.

>37.1/Untitled, in Auftrag gegeben von Salon News. Artdirector: Martin Perrin

>37.2/Untitled. Creativdirector: David Mickelwright

>37.3/Untitled

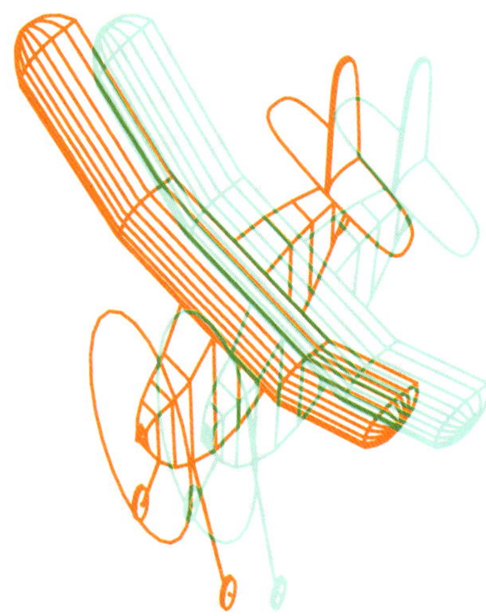

>37.4 (oben)/Untitled
>37.5 (rechts)/Untitled

Von: Kristian Russell / An: Den Autor

Welche Berufsbezeichnung führst du?
>Illustrator und Artdirector (Modeillustrator).

Warum tust du, was du tust?
>Ich zeichne, seit ich zwei Jahre alt bin. Meine Familie und meine Freunde haben mir immer gesagt, dass ich begabt bin, das hat mir Selbstsicherheit gegeben. Extrovertierte Typen gehen auf die Bühne, Autoren können 48 Stunden schreiben, wenn sie in Fahrt sind, Musiker finden ihren Ausdruck in Lifestyle und Hedonismus ... ich bin glücklich, mit Farben und Linien neue Dimensionen zu schaffen. Mich interessiert Kunst, die eigene Regeln aufstellt und ihre eigene kleine Welt schafft. Fasziniert sie, ist man auf dem richtigen Weg. Animation (digital produziert) interessiert mich immer mehr, weil ich finde, dass bewegte Bilder und Geräusche eine weitere Dimension schaffen. Ich arbeite auch gern mit anderen zusammen, mit Modeschöpfern, Artdirectors und Fotografen. Nicht regelmäßig, aber es schult die Sinne.

Was inspiriert dich?
>Musik ist sehr wichtig, eigentlich alles, was dynamisch und funky ist (d.h., was sich nicht zu wichtig nimmt, aber dennoch eine starke Individualität besitzt). Dabei geht es oft darum, keine Kompromisse einzugehen: Iggy Pop, Perry Farrell, Alexander McQueen, Oliver Mourgue; PJ Harvey, Strawinsky, William Blake und sogar die Sex Pistols stehen dafür. Bohemiens oder Avantgarde-Typen. Ich finde Architektur, Innenarchitektur und Mode gleich stark. Aber im Alltag finde ich es unwiderstehlich, wenn jemand den Mut hat, aufzufallen und intuitiv zu arbeiten.

Handwerk/Technik: Worin liegt der Unterschied?
>Beim Handwerk geht es um die Persönlichkeit: Früher ging es eher um die Fähigkeiten, genauer gesagt, um das, was man selbst zustande bringt. Ganz egal, ob perfekt oder unverbildet. Was zählt, sind die eigenen Ideen. Fremde Ideen klauen kann jeder. Technik ist für mich ein Mittel zum Zweck: Man kann immer schnellere Autos bauen, aber es muss sie auch noch jemand gut genug fahren können. In letzter Zeit geht es nur noch um Schnelligkeit und das Internet, früher diente die Technik der Verbesserung. In den 60er-Jahren stellte sie einen Fortschritt dar, in den 80ern hat sie die Seele ersetzt. Andere Zeiten, andere Ideale. Wenn das Handwerk für die Seele steht, steht die Technik für den Fortschritt.

Welche Techniken benutzt du?
>Die meisten meiner Bilder stammen von Bleistift- und Tuschezeichnungen, die ich einscanne und am Computer zusammensetze. Farbe und Räume sind oft vorbestimmt, aber nicht bis ins Detail – ich lasse mich gern anregen und überraschen, wenn ich die Zwischenergebnisse am Bildschirm sehe. Wenn das Bild fertig ist, schicke ich es als Druckdatei in ein Reprostudio oder per E-Mail (oder CD) an den Kunden. Normalerweise weiß ich, wie Farben und Linien beim Druck herauskommen.

Hast du diese Techniken immer benutzt?
>Nein. (... etwas Angeberei ...) Kunst bedeutet immer das Schaffen eines Werkes. Ein Werk, das man kaufen und besitzen kann. Kommerzielle Kunst hat mit Besitz nichts zu tun. Sie ist bereits verkauft, wenn sie entsteht. Worauf muss man sich also konzentrieren, wenn man kommerziell arbeitet? Auf Dynamik! Vor ein paar Jahren (um 1997) habe ich Computer in meine Arbeit einbezogen und fand die sauberen Flächen und die Reinheit wirklich ästhetisch. Ich konnte sofort die Farben ändern, Zeichnungen völlig neu aufbauen, die Größe ändern und Bilder nach Wunsch beschneiden. Ich fand es immer interessanter, Zeichnungen zu zerlegen und fast völlig digital auszuführen, indem ich gezeichnete Elemente geschnitten und zusammengefügt habe. Heute interessiert mich in erster Linie, die ursprüngliche Idee und das dynamische Gefühl zu erhalten, die man nur in einer Skizze hat. Wenn man die dritte oder vierte Version einer Zeichnung anfängt, hat man sie rationalisiert und alle Fehler und die rohe Kraft des Originals entfernt. Es bleiben ein hübscheres Bild und Ideale. James Brown hat oft gesagt, dass er in seiner „wichtigen" Periode Ende der 60er-Jahre die Fehler aus seinen Aufnahmesessions genutzt hat. Er hat einfach geglaubt, dass dieser Stuss besser und härter klang. Es hat ihn bewegt. Irgendwie war es wie bei den Künstlern Jackson Pollock oder Monet, wo das Ergebnis auch nicht kontrolliert war. Sie haben die Dynamik gesucht. So ziehe ich auch die groben Zeichnungen und Ideen vor, damit kommt man in der digitalen Kunst dem Ölgemälde am nächsten.

>38.1/Gucci, in Auftrag gegeben von Nylon magazine

>38.2/Orange Dress, in Auftrag gegeben von Nylon magazine

>38.3/Lizard Girl, in Auftrag
gegeben von Nylon magazine

>38.4/Hiphopperz, in Auftrag
gegeben von SPIN magazine

Von: Kim Hiorthøy / An: Den Autor

Welche Berufsbezeichnung führst du?
>Da ich auf unterschiedlichen Gebieten arbeite, wird zunächst die Arbeit irgendwie benannt. Ich werde dann so bezeichnet wie die Leute, die solche Arbeiten machen.

Warum tust du, was du tust?
>Das hat sich so entwickelt.

Was inspiriert dich?
>Andere Leute.

Handwerk/Technik: Worin liegt der Unterschied?
>Wenn die Füße die Technik sind, kann das Handwerk Laufen oder Stepptanz sein oder das Wackeln mit den Zehen.

Welche Techniken benutzt du?
>Nachdenken ist gut, auf die Intuition hören und sich laufend weiterbilden.

>39.1–39.2 (diese Doppelseite) & 39.3–39.4 (nächste Doppelseite)/Auszüge aus Motorpsycho: Let them eat cake Plattencover von Tree Weekend, veröffentlicht von Die Gestaltung Verlag

Von: Timmy Kucinda / An: Den Autor

>Welche Berufsbezeichnung führst du?
Grafikkünstler, obwohl ich mich mit keiner Bezeichnung anfreunden kann. Ich gehe immer nach dem, was sich richtig anfühlt. Meine Projekte fallen in Bereiche irgendwo zwischen Illustration und Design. Denken und Vorgehensweise sind gleich: Bilder machen und Geschichten erzählen.

>Warum tust du, was du tust?
Jeder muss Geld für seinen Lebensunterhalt verdienen und ich meine, jeder sollte dafür seine angeborenen Talente nutzen. Es muss sich richtig anfühlen, und wenn ich mir so ansehe, was andere Leute machen, dann sind unabhängig von der Tätigkeit diejenigen am ausgeglichensten und glücklichsten, die genau das erreicht haben. Ich suche ständig nach Wegen, meine kommerzielle Kunst aussagekräftiger zu gestalten als erwartet. Ich gebe mir größte Mühe und stehe mit meiner ganzen Person dahinter. Auch wenn das für den Betrachter nicht sofort deutlich ist, merke ich, dass es letztlich ankommt und ihn hoffentlich um eine Erfahrung reicher macht. Ich habe gelernt, dass ich, wenn ich mit dem, was ein Projekt darstellt oder wie es die Zielgruppe beeinflussen wird, nicht einverstanden bin, auch nicht der Richtige für diesen Job bin. Im Idealfall sollte sich das, was mich inspiriert und interessiert, mit den Ansichten, Bedürfnissen und Vorstellungen des Kunden decken.

>Was inspiriert dich?
Hunde, insbesondere mein kleiner Munky. Ich kann es nicht erklären. Hunde rücken für mich alles ins rechte Licht, erinnern mich an das Gute in der Welt. Sie sind mit unseren Gefühlen auf einer Wellenlänge und sind lustig! Was mich jedoch am meisten inspiriert, sind die netten Leute, die ich glücklicherweise um mich habe. Sie inspirieren mich durch ihre Art zu leben, sich für etwas zu begeistern und durch ihren Humor. Ich versuche, wenn ich kann, Freunde in meine Arbeit einzubinden, die Zeit festzuhalten, die wir gemeinsam verbringen. Diese Dinge haben alle etwas gemeinsam: Sie beeinflussen mich täglich und werden so ein Teil von mir.

>Handwerk/Technik: Worin liegt der Unterschied?
Technik ist Luxus und ein unglaubliches Werkzeug. Sie hat Dinge möglich gemacht, die vorher unmöglich waren. Ohne das Handwerk drohen wir jedoch auf der Stelle zu treten. Handwerk steht für Vorstellungskraft und Fortschritt. Für mich treibt es die Dinge voran. Ich sehe gern Verbindungen aus beidem.

>Welche Techniken benutzt du?
Ich spiele gern mit Gewicht und Qualität der Linien. Finde dabei Wege und geeignete Zeiten, einem Bild zusätzlich handgemachte Qualität zu verleihen und es dennoch erkennbar elektronisch zu belassen. Das kann Schwerstarbeit sein, aber für mich ist es die Millionen Mausklicks wert. Ich mußte auch Möglichkeiten finden, meine Einfärbeprozesse zu vereinfachen. Ich denke, durch Wiederholungen finden wir alle heraus, was für uns am besten ist.

>Hast du diese Techniken immer benutzt?
Nein, das ist ein stetiger Entwicklungsprozess. Es entsteht eine Art Bibliothek von Techniken, jede neue Arbeit kann von den vorangegangenen profitieren.

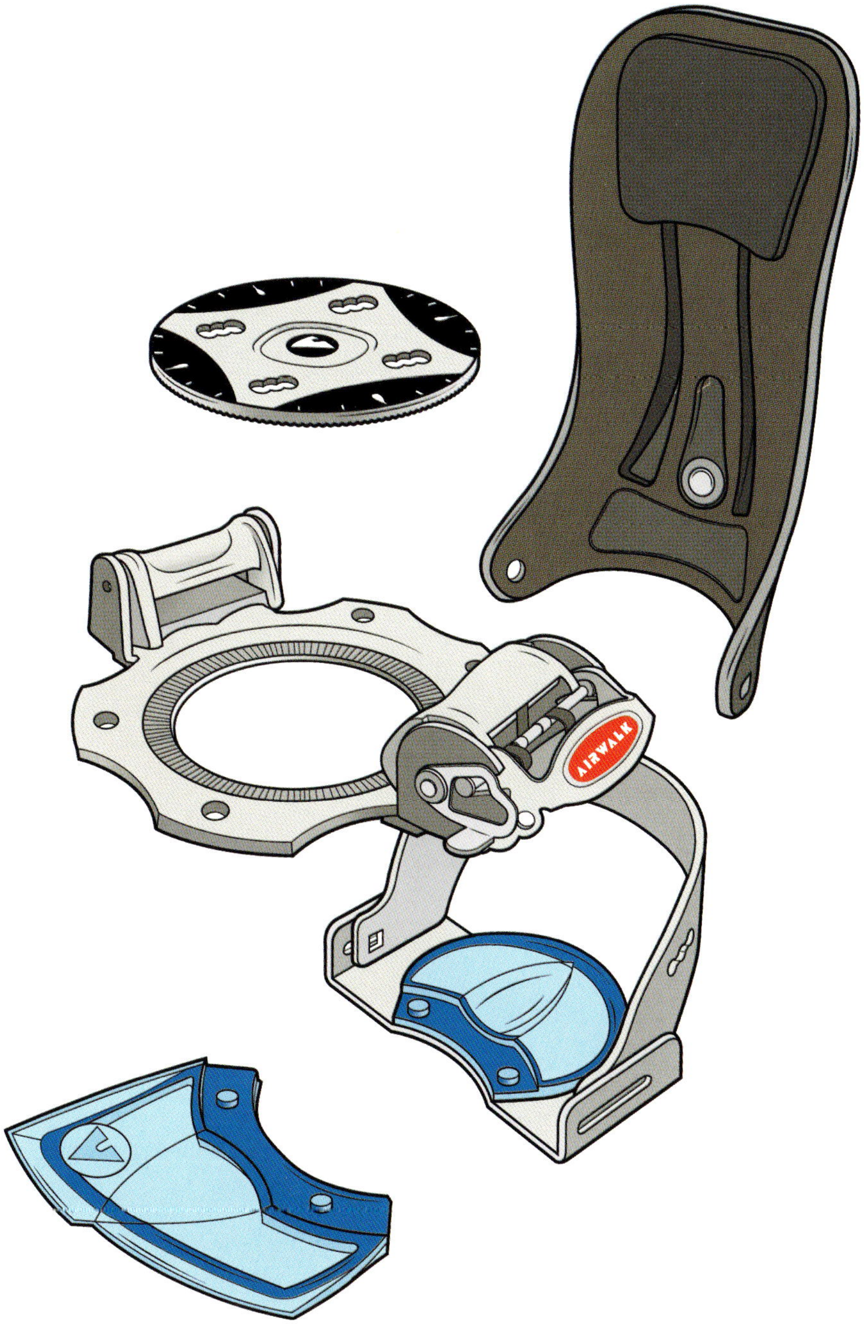

>40.1–40.4/in Auftrag gegeben von Universal Design

>40.5(ganz oben)/in Auftrag gegeben von Airwalk Snowboards
>40.6(oben)/in Auftrag gegeben von Universal Design

>40.7/in Auftrag gegeben von Metropolis magazine, Artdirection: Criswell Lappin

↘ **41 Kam Tang** | Seite: 126 | Stift und Maus

Von: Kam Tang / An: Den Autor

Welche Berufsbezeichnung führst du?
>Designer /Illustrator.

Warum tust du, was du tust?
>Ich bin Masochist.

Was inspiriert dich?
>Die natürliche Welt.

Handwerk/Technik: Worin liegt der Unterschied?
>Handwerk ist Können und Wissen eines Künstlers, Technik lediglich ein Werkzeug, das entwickelt wurde, um dieses Handwerk voranzubringen.

Welche Techniken benutzt du?
>Beobachten, denken, zeichnen.

Hast du diese Techniken immer benutzt?
>Ja, nur unterschiedlich stark, abhängig von der jeweiligen Aufgabe.

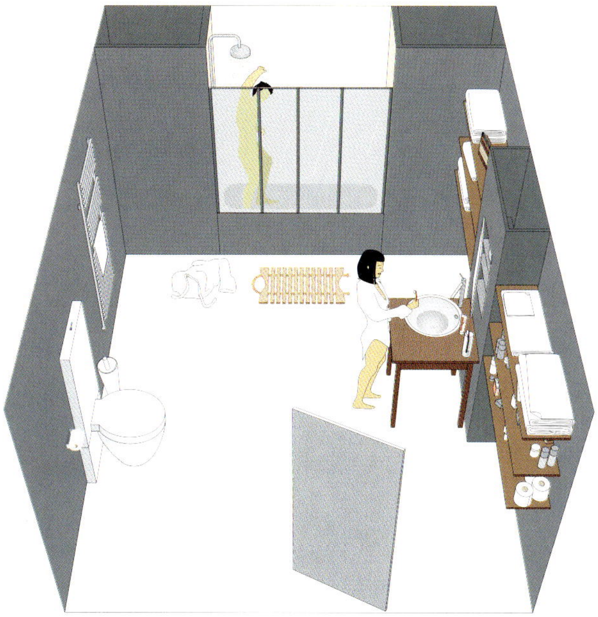

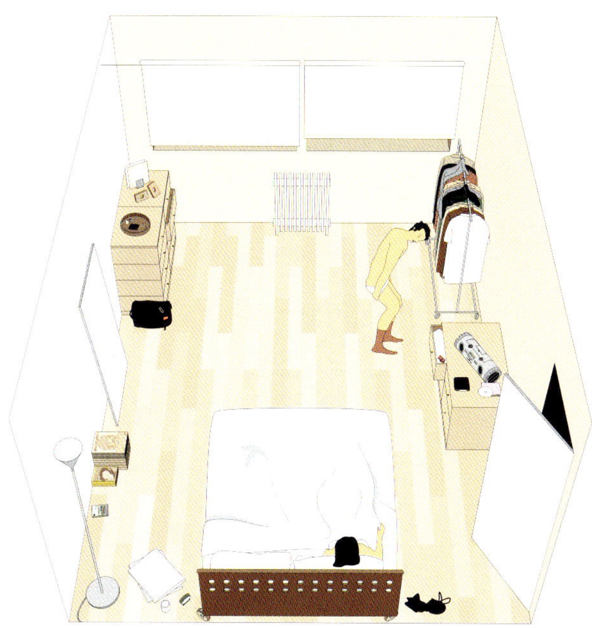

>41.1–41.4/The Ideal Bachelor Pad, in Auftrag gegeben von Arena magazine >41.5(nächste Doppelseite)/
Illustration für den Royal College of Art Prospekt. Artdirection: Graphic Thought Facility

PAGE
5/

Von: Evan Hecox / An: Den Autor

Welche Berufsbezeichnung führst du?
>Illustrator/Designer.

Warum tust du, was du tust?
>Ich habe schon immer gern gezeichnet und Dinge hergestellt. Mir gefällt es, meine Arbeit veröffentlicht und auf T-Shirts, Skateboards und in Büchern gedruckt zu sehen.

Was inspiriert dich?
>Andere Künstler und Designer. Musik. Ich lasse mich viel von städtischer Umgebung inspirieren. Mir gefallen Designarbeiten aus der Zeit vor den 70er-Jahren, als die Grafikkünstler wirklich beides waren: Designer und Künstler. Heute scheinen sie entweder das eine oder das andere zu sein. Am meisten inspirieren mich Leute, die echte Zeichen- und Malkunst in ihre Designarbeiten integrieren können, was in früheren Jahrzehnten noch wesentlich häufiger war.

Handwerk/Technik: Worin liegt der Unterschied?
>Meiner Meinung nach ist Handwerkskunst etwas in einer Person, was entweder auf traditionelle oder elektronische Medien angewendet werden kann. Es hat hauptsächlich mit Geduld zu tun und damit, dass einem das, was man tut, wirklich etwas bedeutet. Die Arbeit am Computer automatisiert die Handwerkskunst irgendwie. Meine Lieblingsbeispiele für Handwerk sind immer von Hand erstellte Dinge, nicht digitale. Handwerk kommt mehr aus dem Bauch heraus, ist direkter. Technik hat den Vorteil ein größeres Publikum erreichen zu können und kreative Arbeit zugänglicher zu machen, was eine gute Sache ist.

Welche Techniken benutzt du?
>Früher habe ich nur mit traditionellen Medien gearbeitet. Ich habe angefangen, den Computer zu benutzen, weil ich fast immer davon enttäuscht war, wie meine Bilder und Zeichnungen nach der Reproduktion aussahen. Bei digital erstellten Bildern habe ich mehr Kontrolle darüber, wie das fertige gedruckte Bild aussieht. Der grafische Stil meiner computergenerierten Bilder ist dem meiner gemalten übrigens sehr ähnlich. Doch ist es die wesentlich bessere Arbeitsweise für die Kombination von Druck und Web-Design.

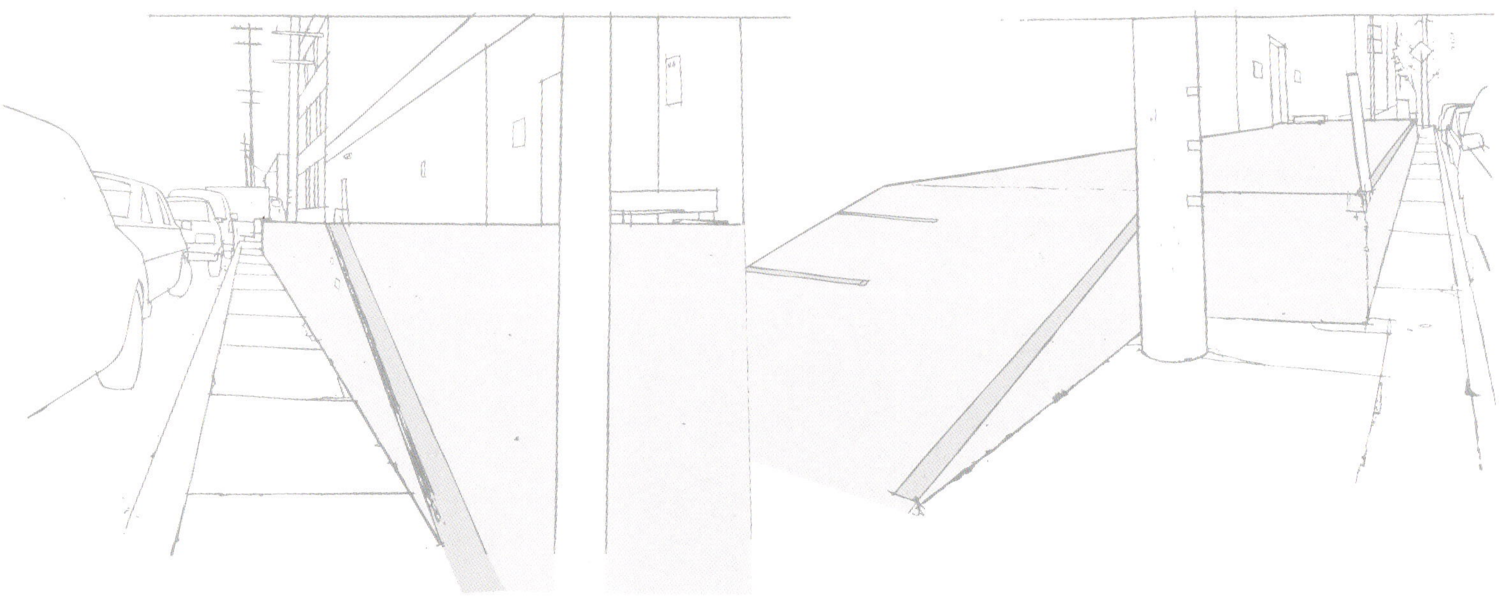

>42.1/Loading Dock

>42.2/Crane

>42.3/Van

>42.4/Hector

>42.5/Sedan

Von: Ian Bilbey / An: Den Autor

Welche Berufsbezeichnung führst du?
>Ich bezeichne mich selbst als Designer. Illustration ist nur ein geringer Teil meiner Arbeit. Ich entwerfe etwa hundert Plakate pro Jahr für Paul Smith (Japan); 24 davon pro Saison für „women´s wear" und 24 pro Saison für „collection". Mir werden normalerweise ein paar Farbmuster und entweder ein Thema oder ein paar wichtige Details zugeschickt. Danach bin ich dran. Ich benutzte ebenso viel Fotografie wie Illustration. Ich habe auch schon mit Keramik gearbeitet, mit Autofirmen und Installationen für Ausstellungen.

Warum tust du, was du tust?
>GELD.

Was inspiriert dich?
>Im Bereich Illustration wären das Leute wie Herb Laupin, Savignac, Paul Rand. Allgemeiner: Charles und Ray Eames und besonders Denker wie I. K. Brunel und Colin Chapman (Lotus).

Handwerk/Technik: Worin liegt der Unterschied?
>Es gibt keinen. Beide sind Mittel zum Zweck und keines hat besondere Vorteile. Was zählt, sind Ideen und guter Geschmack.

Welche Techniken benutzt du?
>Alles, was man vor Ankunft der Macs machen konnte. Ich mag keine „Effekte". Computer sind hervorragende Werkzeuge, aber ich nutze nur einen kleinen Teil der Möglichkeiten. Ich zeichne manchmal mit der Maus, was ich überraschend natürlich finde. Dann wieder male ich auf Papier – gewöhnlich in Schwarz – wie für einen Siebdruck und arrangiere alles auf dem Mac. Ich benutze Stift, Papierfetzen, Servietten – alles Mögliche.

Hast du diese Techniken immer benutzt?
>Ja ... Besonders gern habe ich Collagen gemacht. Merkwürdigerweise finde ich, der Computer arbeitet fast ähnlich. Ich habe erst in den letzten Jahren gelernt, mit dem Mac umzugehen. Am College hatte ich daran kein Interesse und habe meine Zeit lieber mit Siebdruck und Filmemachen verbracht. Ich habe mir Freehand beigebracht (das ist auch schon alles, was ich kann) und bin jetzt in der Lage, alte Techniken damit anzuwenden.

>43.1-43.2/in Auftrag gegeben von Paul Smith Collection, Japan

>43.3–43.6/in Auftrag gegeben von Paul Smith Collection, Japan

>43.7–43.10/in Auftrag gegeben von Paul Smith Women, Japan

Von: Michael Gillette / An: Den Autor

Welche Berufsbezeichnung führst du?
>Als „Illustrator“ habe ich mich nie wohl gefühlt. Ich bin eher ein Irritator.

Warum tust du, was du tust?
>Weil es mich in den Fingern juckt.

Was inspiriert dich?
>Das ganze heiße Potpourri der Popkultur.

Handwerk/Technik: Worin liegt der Unterschied?
>Für mich bedeutet Handwerk Vergangenheit und Technik Zukunft, aber man muss wissen, woher man kommt, um zu wissen, wohin man geht.

Welche Techniken benutzt du?
>Ich halte immer Ausschau nach überraschenden Entdeckungen und benutze daher eine Reihe von Techniken, um die Dinge in Bewegung zu halten. Den Mac benutze ich, um alle zusammenzubringen. Ich bin vollkommen bekehrt.

Hast du diese Techniken immer benutzt?
>Ich habe früher ausschließlich mit Acryl gemalt. Ich habe meine Schuldigkeit in den guten alten Tagen getan. Ich male immer noch für Ausstellungen. Das ist ein guter Ausgleich. Manchmal erfrischt es die Seele, die Farbe trocknen zu sehen.

>44.1/Westway

>44.2 (rechts)/Donut
>44.3 (unten)/At Home with Charity

>44.4/The Jackalope

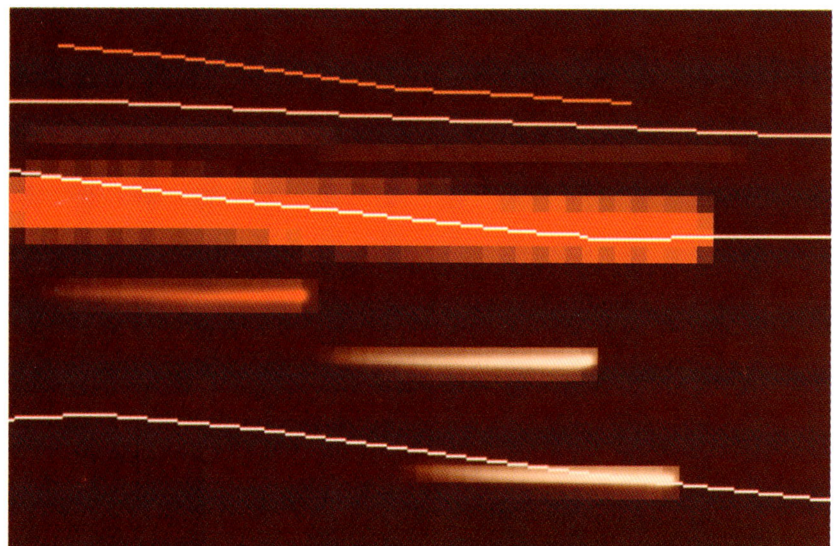

>44.5(rechts)/London Eyes
>44.6(rechte Seite)/React and Then Belatedly Respond